filhos em construção

Pat e Luis, tentando ser os pais que a Clara precisa ter.
Outubro de 2017

filhos em construção
© 2021 by Patrícia Nolêto

DIREÇÃO GERAL: Eduardo Ferrari
COORDENAÇÃO EDITORIAL: Ivana Moreira
CAPA, PROJETO GRÁFICO E DIAGRAMAÇÃO: Renata Lima
REVISÃO DE TEXTO: Gabriela Kimura
FOTOS: Gustavo Dragunskis
BANCO DE IMAGENS: Freepik Premium

Dados Internacionais de Catalogação na Publicação (CIP)
(eDOC BRASIL, Belo Horizonte/MG)

N789f   Nolêto, Patrícia.
    Filhos em construção: as necessidades da criança pela teoria do esquema / Patrícia Nolêto. – São Paulo, SP: Literare Books International, Efeditores, 2021.
    124p. : il. ; 14 x 21 cm

    ISBN 978-65-5922-146-2

    1. Psicologia. 2. Pedagogia. 3. Parentalidade. I. Título.
    CDD 155

Elaborado por Maurício Amormino Júnior – CRB6/2422

Esta obra é uma coedição EFeditores e Literare Books Internacional. Todos os direitos reservados. Não é permitida a reprodução total ou parcial desta obra, por quaisquer meios, sem a prévia autorização dos autores.

EFeditores Conteúdo Ltda
Rua Haddock Lobo, 180 | Cerqueira César
01414-000 | São Paulo - SP
(11) 3129-7601
www.efeditores.com.br
editora@efeditores.com.br

Literare Books International
Rua Antônio Augusto Covello, 472 | Vila Mariana
01550-060 | São Paulo - SP
(11) 2659-0968
www.literarebooks.com.br
contato@literarebooks.com.br

Esta obra integra o selo "Filhos Melhores para o Mundo", iniciativa conjunta das editoras EFeditores Conteúdo e da Literare Books Internacional.

O texto deste livro segue as normas do Acordo Ortográfico da Língua Portuguesa.

1ª edição, 2021
Printed in Brazil | Impresso no Brasil

PATRÍCIA NOLÊTO

filhos em construção

As necessidades da criança pela teoria do esquema

São Paulo, 2022
2ª edição

DEDICATÓRIAS

Para meus pais, que me deram tudo o que tinham para dar.

Para as minhas Irmãs, por serem minha torcida vibrante.

Para o Luis, meu apego seguro, que tem a capacidade linda de sonhar comigo os meus sonhos.

Para a Clara, meu bebê arco-íris, que me dá todos os dias a oportunidade de tentar ser a mãe que ela precisa ter.

SUMÁRIO

Prefácio 10
Introdução 15
2º CAPÍTULO 21
Parentalidade: onde começa?
3º CAPÍTULO 37
Siga o Mapa
4º CAPÍTULO 47
Primeira parada: personalidade
5º CAPÍTULO 51
Filho não é tudo igual!
6º CAPÍTULO 57
Segunda parada: temperamento
7º CAPÍTULO 77
Terceira parada: necessidades emocionais
8º CAPÍTULO 103
Quarta parada: apego
9º CAPÍTULO 117
Você já tem o mapa
Agradecimentos 120
Referências 121

PREFÁCIO

O que é ser um bom pai, ou uma boa mãe? Como é angustiante não saber o que ou como fazer? Perdidos, impotentes, sobrecarregados e culpados. Sensações que vem junto com os momentos difíceis. E momentos difíceis não faltam. Como bem descreveu a Pat, a dor do "não sei" se potencializa na parentalidade.

Eu, a melhor mãe do mundo, não passo por isso. A melhor mãe do mundo tem todas as respostas! Você, diferente de mim (estou fazendo cara de nojenta agora), precisa aprender. E você está no lugar certo!

Você tem em mãos uma excelente bússola. Didática, fundamentada, amorosa e com doses cavalares de compaixão. Ela, além de te ensinar, mostra que você pode errar e que isso é parte e oportunidade para crescimento e conexão. Ah, e se você espera ter controle de tudo, esqueça essa leitura, ela traz informação. Não garante o acerto, mas certamente você errará bem menos e saberá como reparar.

Mas este não é um guia pronto. É um mapa para que você construa sua jornada única, uma orientação para navegação pelo caminho complexo, divertido, por vezes assustador, mas singular que é compartilhar o desenvolvimento do seu grande amor. Esse livro é um antídoto para sua culpa e um bálsamo para a ignorância constituinte que faz parte cada um de nós. Opa, menos de mim, porque sou a melhor mãe do mundo lembra? (Agora olhando de cima com a sobrancelha levantada).

A construção da sua rota começa por você! Como bem escreveu a Pat: "A gente só consegue olhar para frente se antes a gente olhar para dentro". Quais são suas dores? Pontos cegos? Seus botões que quando apertados te tiram o controle? Como foram seus modelos parentais com suas potências e vulnerabilidades? Dentro também está o seu desejo de ser o melhor cuidador que você conseguir. Dentro é complexo, mas é ali que está um bom pedaço do seu mapa único. Tome fôlego e construa. Olhe para você sem medo e com compaixão! Hoje você é adulto, capaz de cuidar da criança que você encontrará mergulhando na sua história. Ela, assim como seu grande amor, também precisa ser vista por você. E assim como você faz com o seu filho, olhe para sua criança com compaixão. Valide, proteja e agradeça. Ela é o início da tua jornada, o que te fez chegar aqui nesta página, com essa vontade e com esse afeto sem tamanho dentro do coração.

E a construção do mapa segue! Passa por entender sobre Terapia do Esquema, temperamento, as necessidades emocionais básicas e apego. Temas complexos e com robustez teórica trazidos de forma leve, didática e aplicável. O sumo do que você precisa saber. Todos, exceto eu, que sou a melhor mãe do mundo, teriam uma parentalidade mais macia tendo acesso a esses conhecimentos. (Agora te olhando no olho com cara de quem sabe tudo).

E a construção do mapa segue, agora com o olhar no seu grande amor. Como ele é? O que é desafiador para seu jeitinho? O que é bom estimular? Do que ele precisa? Quais são os seus botões? Como eu faço quando eles forem apertados? Vem construir *essas respostas, é isso o que a jornada desse livro também propõe.*

Mapa pronto! Tudo compreendido! Muitos momentos de epifania vividos nessa jornada! E agora?! Agora é hora que você deixa de querer ser como eu, "a melhor mãe do mundo" e passa a ter orgulho de ser você. Eu sou a melhor mãe do mundo, como muitas outras que você conhece. Dramatizo nesse prefácio aquelas que te olham com a posse da sabedoria e por vezes fazem você se sentir inadequado. Eu sou a mãe que não teve filhos. Mas muitas "melhores mães do mundo" também são mães. O que essa classe tem em comum, é a altivez e a onipotência do saber. A teoria é como ler cardápio, a gente te ideia do sabor, mas nunca sentiu o gosto. Ignore a "melhor mãe do mundo". Ignore os que te dizem como fazer sem estar na tua pele ou conhecer os sabores do teu menu. Agora você conhece o seu cardápio, sinta o gosto.

Mas preciso ser honesta com você! Ler esse livro trará poucas mudanças. Aplica-lo é que será transformador. Entender e aprender são processos diferentes. Se presenteie com a vivência dele. Leia com calma. Dedique-se a aprender praticando, ensinando, fazendo conexões com o que você já sabe, explicando para outras pessoas. Ah e por favor, diante de alguma "melhor mãe do mundo" lembre-se: eu conheço meu grande amor melhor do que ninguém. Não se apequene, aproveite para que essa experiência seja reforçadora da sua potência.

E para fechar com chave de ouro, divirta-se. Seu grande amor vai crescer e o tempo é danado, passa muito rápido. Se você está com esse livro na mão é porque sua parentalidade realmente importa. Diferenciar o legal do que é essencial é fundamental para uma vida feliz. O celular é legal, mas esse tempo que não volta é essencial. O trabalho é importante, mas para seu grande amor você é insubstituível. Descansar maratonando uma série é divertido, mas descansar brincando pode ser inesquecível. E agora quem fala não é "a melhor mãe do mundo", mas a mulher de 44 anos que se lembra de ir no mercado com a mãe, em um Santana marrom cantando Wando junto com ela. É a menina que mora dentro de mim, que adorava entrar no fundo do mar em arroio do sal na garupa do meu pai. É a neta da Abigail que se fecha os olhos sente o gosto do pão de ló que ela fazia para me ajudar a ganhar peso. É a neta do Arino que tinha paciência para combinar a blusa com a saia na hora de me vestir pela manhã. É a irmã da Andréa que sujava de Nescau as camisolas da mãe brincando de desfile. É a menina amada que me habita que é parte dessa mulher que te escreve e que deseja, com toda força do meu amor, que seus filhos tenham conexão genuína e lembranças inesquecíveis com você.

Ana Letícia Castellan Rizzon é psicóloga clínica e terapeuta de casais.
Especialista em Terapia do Esquema, credenciada junto à International Society of Schema Therapy (ISST) e ao New Jersey/ New York Institute of Schema Terapy - USA.
Coordenadora e docente de cursos de Terapia do Esquema. Supervisora da prática clínica e escritora sobre o tema e coautora do romance "Num sofá de bolonhas: amor & terapia".

No mundo da parentalidade você nunca terá o controle de tudo e isso nem sempre é ruim.

Introdução

Eu não sei como foi a sua história pela busca de um filho. Não sei se foi fácil, difícil, se foi uma surpresa ou se você esperou anos por isso. Na minha história foram as duas coisas: uma surpresa e anos de espera.

Eu esperei muito tempo para ser mãe, mais tempo do que gostaria e muito mais tempo do que planejei.

Me casei aos 34 anos e ouvi o primeiro choro de um filho, aquele na sala de parto, com um misto de amor e alívio aos 39, quando a Clara nasceu. Não sei exatamente quanto tempo demorou da decisão vamos engravidar até o momento em que a peguei nos braços pela primeira vez, mas para uma mãe com certeza foi tempo demais.

Me tornar mãe foi um desafio. E aprendi que na maternidade não existe história pior ou melhor, existe a história que a gente vive. Para você entender o que vou explicar sobre maternidade e parentalidade nesse livro, vou precisar contar um pouco da minha história.

Antes da Clara tivemos infinitas tentativas e 2 perdas gestacionais, nossos 3 filhos no céu.

Investigamos as causas e chegamos ao diagnóstico de Trombofilia. Então optamos por, na gravidez da Clara ter tudo sobre controle (como se pais pudessem ter tudo sobre controle! Hahaha!) Fizemos então, rastreio de ovulação, com injeções para amadurecimento dos folículos, injeção para indução da ovulação, coito programado e medicação para

Trombofilia. Tudo super monitorado, programado, cheio de exames e ultrassons

Explicando de forma simples: você sabe exatamente o dia que vai ovular, tem relação no dia certo e está tudo sobre controle. Mas na prática a história não foi tão simples assim.

No primeiro ciclo o positivo não veio e sim um indeterminado. Isso significa o que os médicos chamam de gravidez química, tem a fecundação, mas não implanta completamente.

No segundo ciclo, um positivo, um ultrassom e um bebê. Um sangramento, outro ultrassom, dois bebês!! Repouso, mais sangramento, outro ultrassom, nenhum bebê.

Após uma pequena pausa, o terceiro ciclo. Nada.

No quarto ciclo uma mudança na medicação, mas o mesmo esquema, injeções monitoramento por ultrassom, relação nos dias certos e era só esperar para fazer um Beta HCG. Mas bem antes da data do exame outro sangramento. Era um domingo, mandei mensagem para o médico e ele me disse: Tem alguma coisa errada! Quero te ver no consultório amanhã às 7h da manhã, vamos fazer um ultrassom e vou pedir dosagem de hormônio.

Lembro do dia seguinte como se ele tivesse acontecido em câmera lenta. Chegamos, logo fomos atendidos e o médico nos levou direto para a sala de ultrassom. Enquanto o médico fazia o exame, ele levantou pegou minha pasta com todos os exames anteriores e disse: Não é possível! Não sei como isso aconteceu! Levantou mais algumas vezes, olhou de novo os exames falou: Vou te mostrar o que está acontecendo com você! (e abriu o áudio): Tumtum Tumtum Tumtum!

Eu estava grávida! Grávida de aproximadamente 7 semanas. Isso significa que fiz um ciclo e meio do tratamento já estando grávida. Significa que fiz mais de 6 ultrassons e o bebê não apareceu em nenhum deles. Significa que nem quando temos o controle, temos realmente o controle. O médico estava tão surpreso quanto nós e não soube explicar como isso aconteceu. Nem um super monitoramento, pode garantir o controle de tudo.

Eu não sei se existe um jeito melhor que o outro de descobri uma gravidez, não sei dizer quantos testes de farmácia nem exames de sangue eu fiz na vida, sei que foram muitos. Mas sei que foi um presente descobrir que estávamos grávidos da Clara ouvindo o coração dela.

Comecei esse livro com um trecho da minha história para dizer duas coisas importantes.

A primeira delas: no mundo da parentalidade você nunca terá o controle de tudo e isso nem sempre é ruim. Por mais desafiador que isso pareça tentar controlar tudo não fará dar certo.

O desejo de escrever esse livro nasceu da minha prática como psicóloga clínica, atendendo, crianças, adultos e no meu trabalho de orientação de pais. Muitos me procuravam para conseguir resolver problemas, ter controle sobre suas emoções, controle sobre seus filhos, controle sobre a sua vida. Mas eu não tinha isso para oferecer. Oferecia acolhimento, vínculo, informação e conhecimento. Dizia e ainda digo aos meus pacientes, informação e conhecimento não nos faz ter o controle de tudo e não nos garante que nunca mais vamos errar. Mas conhecer, nos dá mais chance de acertar e nos ajuda a construir novos caminhos.

A segunda coisa importante: eu poderia contar essa história linda de como foi a minha busca pela maternidade e dizer a você que foi assim, desse jeito mágico e surpreendente que me tornei mãe.

Mas eu estaria mentindo!

É como olhar ao redor e perceber que mora em uma casa que não te agrada, uma casa que recebeu de herança, que você não escolheu, uma casa que precisa de uma reforma, de uma mudança.

2º CAPÍTULO

Parentalidade: onde começa?

Trabalhar com pais é trabalhar com sonhos, e sempre gosto de ouvir sobre eles. Gosto quando contam como descobriram a gravidez, se planejaram, se esperaram por muito tempo. Cada um tem uma história única, mas todos tem o mesmo objetivo: querem ser bons pais.

Quando peço para me contarem quando começaram a construir a parentalidade deles, me contam do teste de gravidez, do dia que sentiram o bebê mexer, do primeiro ultrassom, do curso de amamentação, dos livros que leram, do dia do parto. Realmente tudo isso faz parte dessa construção, mas geralmente muitos se surpreendem quando eu digo:

Você não se tornou mãe/pai quando levou seu pacotinho para casa. Você não começou a construir a sua parentalidade quando no parto ouviu o choro do seu filho pela primeira vez. Também não foi quando viu seu bebê em um ultrassom, nem quando leu tudo o que poderia sobre a gestação. Não foi quando escolheram o nome, quando receberam um positivo, nem quando começaram a desejar ter um filho.

A sua parentalidade começou a ser construída muito antes disso. **Você começou a aprender a ser mãe/pai quando você era filha(o)!**

Muitos ficam impactados quando digo isso, geralmente, ficam em silêncio absorvendo, digerindo. Nunca haviam pensado sobre isso antes.

Se você está lendo esse livro provavelmente você é pai ou mãe. E provavelmente busca um melhor jeito, uma melhor maneira ou alguma pista de como fazer melhores escolhas com os filhos.

Esse livro, está cheio de teoria e de conhecimento que busquei ao longo dos meus 20 anos como psicóloga (prometo que vou fazer isso do jeito mais didático que eu conseguir) Mas esse livro também está cheio de prática, de experiência, de vivência. E é justamente como você irá vivenciar o que vai encontrar nas próximas páginas que irá te ajudar a construir novos caminhos na sua parentalidade.

Então, quero te convidar a ler e vivenciar esse momento com atenção, com entrega, com calma. Como um encontro que supera todas as barreiras da lógica, do tempo e da história. Um encontro do adulto, pai/mãe, que você é hoje com a criança, filho(a) que você foi um dia.

Em todos os caminhos que construí com pacientes e pais que atendi, existia uma verdade em comum: **A gente só consegue olhar para frente se antes a gente olhar para dentro.**

Chegou a sua vez!

Eu não conheço a sua história, não sei como eram seus pais quando você era pequeno (a). Não sei se você teve pais afetivos, disponíveis emocionalmente, acolhedores, divertidos, leves ou se foram pais rígidos, frios, distantes, críticos, punitivos, exigentes, ausentes. Não sei se você teve uma mãe superprotetora ou um pai que nunca estava satisfeito e aquilo que você fazia não era bom o suficiente. Não sei se você foi abandonado, agredido, se um deles era alcoólatra ou se eram pais maravilhosos, que te amavam independente do seu desempenho. Eu não sei, mas ser filho(a) deles está diretamente conectado com o seu jeito de ser pai/mãe.

Independentemente de como eles foram, e talvez ainda sejam, eles te entregaram o que eles tinham para dar e o que você recebeu como filho (a) foi a primeira referência que você teve de como ser pai ou mãe.

Gosto muito de trabalhar com imagens. Elas têm o poder de grudar na nossa mente e serem facilmente resgatadas quando precisamos. Ter essa imagem armazenada em um lugar de fácil acesso na sua mente funcionará como um resgate quando você precisar.

Imagine uma corrente com vários elos. Elos que se conectam. Agora imagine que essa corrente é a sua família. Nós recebemos dos nossos pais o que eles tinham. Os nossos pais receberam dos nossos avós o que eles tinham, nossos avós receberam dos nossos bisavós e assim por diante, em uma corrente sem fim que começa nas gerações que nos antecederam, chega até nós, mas não termina em nós. Também construímos elos da corrente com os nossos filhos.

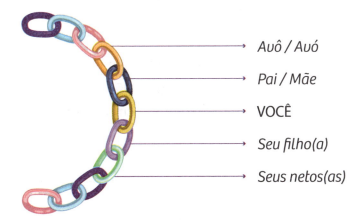

- Avô / Avó
- Pai / Mãe
- VOCÊ
- Seu filho(a)
- Seus netos(as)

(Sinta-se à vontade para escrever seu nome, dos seus pais, avós, filhos e netos nessa imagem).

Agora vamos fazer um exercício para te ajudar a compreender o poder do elo. Vamos trabalhar juntos, usando as suas lembranças, experiências e memórias afetivas.

Acesse o QR Code e tenha acesso a todos os exercícios para baixar no seu computador.

Exercício: O poder do elo

Você vai precisar de papel, caneta, tesoura, uma fita crepe ou durex ou até mesmo um grampeador. Recorte duas tiras de papel de aproximadamente 5cm de largura e 30cm de comprimento.

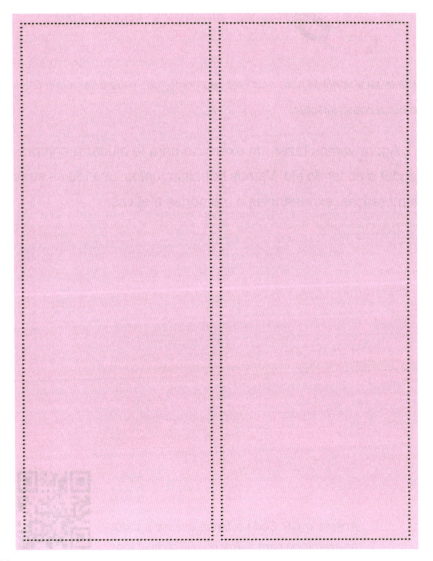

Quero que por alguns minutos você volte à sua casa de infância.

Busque bons momentos, boas lembranças. O que você gostava? Tinha algo que seus pais faziam que te deixava feliz? Algo que era divertido? Algo que te fazia sorrir?

Na minha infância, tinha um combinado que eu amava, toda vez que viajávamos de férias tinha guerras de travesseiro! Também adorava fazer bolo com a minha mãe ou fazer biscoito de nata. Meu pai viajava muito e fazíamos rodízio entre as filhas para dormir no lugar dele, tinha uma folha de papel colada atrás da porta do guarda-roupas com uma listinha com o nome de quem dormiu nas últimas viagens. Gostava quando ele voltava e trazia uma caixinha de chocolate Chumbinho para as 4 filhas dividirem. Economizava cada bolinha de chocolate.

E na sua casa? Como era? Tinham algum combinado especial? Seus pais eram carinhosos? Liam história antes de dormir? Ouviam música? Cozinhavam juntos?

Se conecte com as suas lembranças. Busque aí dentro o máximo de boas memórias que conseguir. Talvez frases ou palavras que você costumava ouvir ou atitudes de carinho.

Agora pegue uma das tiras de papel e escreva de um lado tudo isso que você lembrou. Leve o tempo que precisar e quando acabar volte para a próxima linha do livro.

27

Vamos voltar de novo a sua infância! Mas dessa vez, se conecte com tudo que você não gostou, com o que faltou, com o que teve que foi ruim. Talvez tenha faltado carinho, ou presença, talvez na sua casa houvesse muitos gritos, ou você se sentisse sozinho. Não sei as palavras que você ouvia na sua infância, mas talvez você tivesse ouvido que era preguiçoso, ou burro, ou que não tivesse mais jeito. Talvez tivesse uma mãe que se vitimizava, se queixando que estava cansada, que não aguentava mais. Pode ser até que tivesse uma mãe exausta mesmo. Ou talvez o que doía em você fosse o silêncio, a ausência, a indiferença.

Também, como todo mundo, eu tenho lembranças ruins da minha infância. Eu fui uma criança com diversas dificuldades de aprendizagem, e ouvi muitos xingamentos por isso. Cada vez que o boletim chegava eram gritos, acusações, ameaças. Mas tem uma frase muito difícil que ouvi saindo muitas vezes da boca dos meus pais: Suas notas são medíocres! Você é medíocre!

Você ouviu algo ruim na sua infância? Você apanhou quando criança, ficou de castigo? Recebia olhares duros de repreensão?

Como foi sua adolescência? Seus pais ficaram mais distantes? O que gostaria de ter recebido deles que não recebeu? Abraços? Palavras de amor? Tempo juntos?

Pegue a mesma tira de papel vire do outro lado e escreva tudo isso que foi ruim. Deixe a sua criança pequena, que você leva dentro de você, escrever qual lembrança difícil ela carrega.

Talvez você se emocione, talvez sinta tristeza, ou raiva. Reconheça essas emoções, valide-as, e continue escrevendo. Pare por um tempo se precisar, respire fundo, se abrace, faça um carinho em você... e escreva.

Gaste o tempo que for preciso, pensar em lembranças doidas é difícil, eu sei, mas vamos passar por elas para seguir adiante.

Quando terminar de escrever, continue na próxima linha.

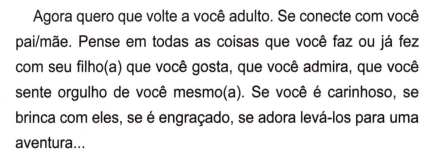

Agora quero que volte a você adulto. Se conecte com você pai/mãe. Pense em todas as coisas que você faz ou já fez com seu filho(a) que você gosta, que você admira, que você sente orgulho de você mesmo(a). Se você é carinhoso, se brinca com eles, se é engraçado, se adora levá-los para uma aventura...

Minha filha diz que sou a mãe mais beijoqueira que existe no mundo! Eu gosto de ouvir isso. Beijá-la é realmente algo que eu faço com frequência. Hoje minha filha tem 5 anos, gosto de colocá-la para dormir, gosto de ler para ela, gosto de fazer trilha em família, gosto de brincar que sou a professora da escola (herança da geração pandemia em aulas online!) Uma coisa que sempre faço é dizer que ser mãe dela me deixa muito feliz. Gosto quando reconheço um erro e peço desculpa. Gosto de ligar a música e cantar bem alto com ela no carro. E você? Quando olha para a sua parentalidade, o que você gosta? Não precisa ser algo elaborado, pequenos gestos podem ser grandes coisas!

Pegue a outra tira de papel, escolha um lado e escreva. Escreva tudo isso que faz sentir orgulho da mãe/pai que você é. Observe como você se sente escrevendo cada palavra, observe o quentinho que dá no coração só em lembrar desses momentos.

Quando terminar vire a folha do outro lado.

Olhe para essa folha em branco e pare para pensar um pouco naquilo que você não gosta no seu jeito de ser pai/mãe. Talvez você grite demais, ou seja muito exigente, ou só se dê por satisfeito quando as coisas são feitas do seu jeito. Talvez falte tempo de brincadeira, ou você passe tempo demais no celular, ou no trabalho. Talvez seja impaciente em alguns momentos, ou bravo demais ou que as suas expectativas em relação ao seu filho seja sempre muito altas.

Se tem uma coisa que eu não gosto na minha maternidade é meu olhar de raiva. Me lembro exatamente do dia que me dei conta desse olhar. A Clara estava com quase 3 anos de idade. Foi uma fase muito desafiadora em relação ao sono. Ela ainda fazia um pequeno cochilo à tarde e quando ia dormir às 20h era um sofrimento para ela e para nós. Lembro muita coisa dessa noite, mas 3 coisas tenho certeza de que nunca vou esquecer. A primeira delas **a minha exaustão.** Já eram quase 22h horas e ela ainda não havia dormido. Eu estava há quase 2h no quarto com ela. Ela se levantava da cama e eu a colocava de volta, ela começava a cantar eu pedia para fazer silêncio, ela pedia água, levantava de novo, puxava conversa. Eu não aguentava mais, estava com fome, com vontade de chorar, com vontade de ir ao banheiro. Disse a ela que eu estava cansada de ficar ali, que a hora de dormir era para ser uma hora gostosa, mas que não estava sendo nem para mim e nem para ela. Avisei que iria ao banheiro e que era para ela ficar quieta na cama que eu já voltava. Antes mesmo de eu sair do quarto ela já tinha levantado. Eu não consegui dizer nada, mas olhei para ela com um olhar de ódio que dói em mim só de lembrar. E essa é a segunda coisa que eu não vou esquecer: **o jeito que olhei para ela.** Um olhar cheio de raiva, de crítica, de repreensão, de desprezo. A terceira coisa que não vou esquecer **foi o que ela me disse.** Ela olhou nos meus olhos, sentou-se na cama, começou a chorar e falou: *"Mamãe eu não gostei que você me olhou assim, eu fiquei com medo."*

Então, se você tem um olhar de raiva, ou de nojo, de vergonha ou de crítica para seu filho, escreva.

Naquela noite choramos juntas. Ela chorou até dormir. Eu também. Chorei por ela, chorei por mim, chorei pela minha mãe. Chorei porque me lembrei de uma frase que minha mãe tinha orgulho de repetir: *"As meninas me obedecem. Não pre-*

ciso falar nada, apenas olho para elas e elas sabem que estão erradas".

Chorei, pois, nesse dia vivenciei na prática o poder dos elos. Senti na pele, ou melhor no coração, como é passar para frente o que um dia você recebeu.

Sabe quando você era criança e tinha algo que seus pais faziam que você detestava e jurou que quando fosse pai/mãe nunca iria repetir com seus filhos e hoje você faz? Esse é o poder do elo.

Nós entregamos aquilo que recebemos e muitas vezes não temos consciência disso. Juramos que não íamos fazer, sofríamos quando nossos pais faziam conosco e cá estamos nós, repetindo, repetindo, repetindo...

Então, pense em tudo o que você entrega para seu filho que não é como você gostaria. Escreva, respire um pouco se precisar, mas escreva.

Agora olhe para essas duas tiras de papel. Uma que representa seus pais, com aquilo que eles te deram. De um lado aquilo que foi bom, do outro aquilo que foi ruim ou que faltou. Tudo isso é o que você recebeu. Junte as duas pontas, cole com uma fita ou grampeie, formando um elo da corrente.

O que você recebeu você não pode mudar. Seus pais te deram o que eles tinham. Podemos aceitar, podemos sentir raiva, podemos trabalhar em terapia, podemos ressignificar, mas não podemos voltar lá atrás e mudar os nossos pais. Porém, reconhecer o que recebemos nos ajuda a identificar que muitas vezes estamos repetindo, e entregando aos nossos filhos o que ganhamos, sem transformar, modificar, evoluir ou sem mesmo sem perceber. Estamos fazendo aquilo que juramos não fazer quando fossemos pais. Como o meu olhar de raiva que dei pra Clara naquela noite. Eu recebi esse olhar em alguns momentos da minha vida e repeti. Sem me dar conta, entreguei o que recebi.

Agora pegue a outra tira, a que te representa como o pai/mãe que você tem sido até agora. Você escreveu coisas da sua parentalidade que você gosta de um lado e o que não gosta do outro. Também não conseguimos voltar atrás e mudar o que já foi, na nossa parentalidade, mas podemos cuidar e tentar fazer diferente daqui para frente. E você pode começar agora. Olhe para a lista de coisas boas que você faz para o seu filho. O que está faltando? O que você gostaria de dar para seu filho que não tem dado? Mais tempo brincando junto, um elogio, um abraço, dizer que o ama, trabalhar menos, ensinar algo novo, aprender algo novo com ele, falar com mais gentileza? Dar colo, fazer um cafuné, levar a maternidade/paternidade com mais leveza? O que você quer colocar no elo dessa corrente que chega até seu filho? Escreva.

Complete a sua lista de coisas boas da parentalidade, acrescentando o que você quer dar ao seu filho a partir de agora. Enquanto escreve, visualize você fazendo isso, como um treino, um ensaio mental.

Agora vire a folha. Olhe para o lado ruim. Escolha algo que você faz e não gosta e circule. Diminuir esse comportamento, estar atenta(o) a ele será a sua meta nesta semana. Tornar isso consciente é se comprometer em tentar fazer diferente é o primeiro passo.

Agora junte as pontas da tira formando o elo. Mas lembre-se que não é um elo solto, ele está preso ao elo da corrente dos seus pais, então passe a tira por dentro do primeiro elo da corrente que você fez e só então junte as pontas.

Segure essa corrente em suas mãos, olhe para ela, observe como você se sente. Qual emoção aparece? Como você se sente como filha(o)? Como você se sente como mãe/pai?

Fique um pouco com as suas emoções, se precisar faça uma pausa antes de continuar.

Ter consciência que somos elo de uma corrente, da parte do elo que somos e que transmitimos para os nossos filhos, é dar um passo para transformar nossa parentalidade.

É o início de um processo, o início da mudança. Talvez você tenha se dado conta que a parentalidade que você exerce hoje, não é bem como você gostaria. É como olhar ao redor e perceber que mora em uma casa que não te agrada, uma casa que recebeu de herança, que você não escolheu, uma casa que precisa de uma reforma de uma mudança.

Reformar a sua parentalidade, é o caminho que vamos percorrer juntos nesse livro. Não uma reforma buscando o que está na moda, ou o que os outros dizem que você deve fazer, muito menos uma fórmula mágica: faça assim e você será feliz. Será uma reforma para dar uma melhor forma ao seu jeito de ser pai ou mãe. Uma forma, orientada pelas necessidades, as suas e as dos seus filhos, e por informações e teorias que vão ser como um norte, um mapa, uma nova direção, um novo caminho na construção dos elos da corrente que seus filhos irão ser.

Começaremos agora uma caminhada por pontos importantes desse mapa. Sei que muitas lembranças e emoções podem ter sido ativadas com o que leu e vivenciou até aqui. Se precisar, pare um pouco, tome fôlego, ou uma xícara de chá. Acredito que um aprendizado na parentalidade que nos ajuda em muitos momentos é parar e prestar atenção ao que estamos sentindo, respirar fundo e só quando nos sentirmos preparados, seguir em frente.

Mesmo sem saber exatamente o que vamos encontrar lá na frente, podemos ter mais confiança para onde estamos indo.

3º CAPÍTULO

Siga o Mapa

Como seria a nossa vida se ao receber nossos filhos nos braços, recebêssemos junto um manual? Tenho certeza de que em algum momento desde quando se tornou mãe, ou pai, você já desejou isso. Talvez em algum choro indecifrável do filho, ou quando ele não conseguia dormir, ou quando ficava envergonhado em alguma situação, ou num conflito entre irmãos.

Uma coisa em comum não só na parentalidade, mas na nossa vida em geral é como é difícil não saber o que fazer. E quando nos tornamos pais isso fica potencializado, não sabemos o que fazer em vários momentos durante o dia. Nos sentimos perdidos, impotentes, sem saber qual a melhor escolha, qual caminho seguir diante de um impasse.

Imagine que você está fazendo a viagem dos seus sonhos e assim que desembarcar em seu destino você recebe um manual com tudo o que você precisa para fazer boas escolhas e tornar essa viagem perfeita.

Estaria ali o melhor lugar para encontrar o cafezinho, do jeito que você gosta nem forte, nem fraco demais, a mesa que tem a melhor vista do restaurante que faz o seu prato favorito, o hotel que tem 3 travesseiros na cama exatamente como você gosta de dormir. Um manual personalizado, de acordo com nossos gostos e necessidades! Seria bom, né?

Eu sei que isso não existe, mas hoje é possível programar uma viagem e ter algumas referências: dicas e avaliações de hotéis e restaurantes, lugares e passeios imperdíveis e aqueles que devemos evitar, quantos dias ficar em cada cidade, melhor época do ano para visitar esse país. Teremos o controle e a garantia de tudo? Não! Mas teremos um norte, uma referência, dicas dos desafios que poderemos encontrar e sugestões preciosas.

Ter filhos é uma viagem assim: desembarcamos em um lugar desconhecido. Infelizmente não temos um manual. Mas, e se eu te disser que podemos ter um mapa?

Um mapa não vai te dar o passo a passo, ou dizer se essa luz vermelha acender retire da tomada espere 10 segundos e reinicie o equipamento, ou se a luz amarela começar a piscar é hora de recarregar a bateria.

Mas um mapa pode te dar uma direção e facilitar as suas escolhas. Atenção à direita temos uma estrada com muitas curvas, à esquerda temos uma estrada mais longa, mas com uma vista linda! Ou restaurante daqui a 5Km, o próximo fica daqui a 40 km.

Um mapa não nos diz o que fazer, mas nos diz onde encontrar ou quando podemos encontrar algo. O mapa nos mostra caminhos mais tranquilos ou mais cheio de aventuras. Podemos checar quando estamos perdidos, podemos escolher o melhor trajeto, podemos até dar meia volta e escolher ir por um outro caminho. Um mapa nos dá autonomia, liberdade nas nossas escolhas. Mesmo sem saber exatamente o que vamos encontrar lá na frente, podemos ter mais confiança para onde estamos indo.

É sobre isso que vamos conversar neste capítulo.

Todas as informações que vou colocar nesse mapa eu busquei em autores e teorias que estudei ao longo da vida. Todos os exemplos, trago da minha experiência clínica, da minha maternidade e da minha vivência como filha.

A partir de agora esse será o nosso mapa nessa caminhada.

E você está aqui!

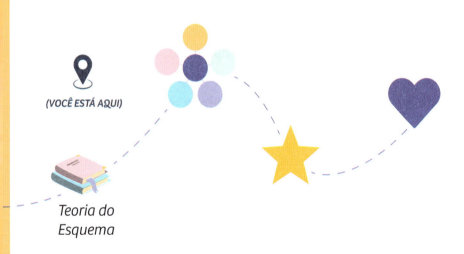

Teoria do Esquema

Então, vamos a teoria! (De um jeito fácil, eu prometo!)

Existem muitas maneiras de explicar como se constrói a personalidade de uma criança. Diversas teorias foram utilizadas em diferentes momentos da história, algumas caíram por terra outras foram modificadas, algumas parcialmente validadas.

Nesse ponto que estamos do mapa, vou apresentar a você a teoria que mudou a minha maneira de enxergar cada paciente que senta à minha frente, seja uma criança ou um adulto. E como mãe, mudou a maneira de olhar para minha filha.

Quero te contar um pouco sobre a Teoria do Esquema (não se preocupe em guardar os nomes, apenas ouça essa história)

Jeffrey E. Young é um psicólogo americano mundialmente reconhecido e respeitado. Além de psicoterapeuta, pesquisador e professor, ele é o criador da Terapia do Esquema. Ao longo da sua prática clínica ele percebeu que alguns pacientes não melhoravam, tinham recaídas ou traziam problemas que não estavam sendo resolvidos de forma adequada pela Terapia cognitivo-comportamental (TCC), de Aaron Beck.

Então, ele desenvolveu a Terapia do Esquema, ampliando a teoria de Beck e integrando técnicas e teorias de várias escolas de terapia, como a Gestalt, a Psicanálise e Teoria do Apego, com o objetivo de compreender e superar os obstáculos que enfrentava com seus pacientes "difíceis".

Embora essa não fosse a intenção dele, quando começou a investigar os motivos que impediam esses pacientes de melhorarem, ele acabou descobrindo várias coisas em comuns e isso o levou a construir uma nova teoria, um sistema conceitual e de desenvolvimento da personalidade.

Ele descobriu que as pessoas desenvolviam padrões, crenças e sentimentos incondicionais sobre si mesmos, tão resistente a mudanças que se auto perpetuavam, ou seja, eles se repetiam, repetiam, repetiam. Esses padrões eram como verdades absolutas e incondicionais que cada um carregava dentro de si ao longo da vida: "Não sou digno de ser amado", "Sou incompetente, não importa o que eu faça", "Sei que serei abandonado" "Não sou bom o suficiente".

Segundo Jeffrey Young, esses padrões foram construídos na nossa infância e adolescência e por isso os nomeou de Esquemas Iniciais Desadaptativos (EID). Também explica que eles são um resultado da interação do temperamento da criança e das experiências disfuncionais que elas tiveram com os pais, irmãos, cuidadores e amigos durante os primeiros anos de vida.

Então, essa teoria que começou como uma forma de entender por que alguns pacientes não melhoravam, trouxe uma nova compreensão sobre a formação da personalidade e é exatamente por isso que ela faz parte desse livro.

Para nós, pais e mães, entendermos como a personalidade das nossas crianças é construída, nos ajuda a ficarmos mais atentos e disponíveis para contribuirmos nessa formação da melhor maneira que for possível.

Todos nós sabemos, que a criança nasce 100% dependente. Se ela não for alimentada, cuidada, protegida, ela morre. Brinco com as mães de bebês recém-nascidos que a natureza é tão perfeita que que o choro do bebê incomoda lá no fundo da alma e o incômodo só cessa quando o choro para. Ou seja, só quando atendemos a necessidade do bebê.

Provavelmente antes do seu filho nascer, você se preparou para cuidar das necessidades fisiológicas dele. Descobriu as possíveis posições para amamentar, como cuidar do umbigo, como dar banho, qual a posição mais segura para um recém-nascido dormir.

Sei que isso é importante! Eu mesma fiz tudo isso. Mas, isso não é o suficiente, pois não é tudo o que um bebê precisa.

Young explica que toda criança, além das necessidades físicas, também nasce com 5 necessidades emocionais que precisam ser supridas ao longo da vida. Essas necessidades são universais independentes da cultura que essa criança nascer. Elas precisam ser supridas pelos seus cuidadores e quando isso acontece de forma adaptativa, ou seja, na medida que essa criança precisa, ela será um adulto emocionalmente saudável. Porém se essas necessidades não são supridas adequadamente, teremos um adulto cheio daqueles padrões disfuncionais (que falei logo acima), os Esquemas iniciais desadaptativos.

É claro que ninguém consegue suprir 100% todas as necessidades emocionais de uma criança. E em nenhum momento desse livro, quero trazer esse peso ou essa cobrança para nós, pais. A verdade é que todos temos esquemas. Os nossos filhos também terão esquemas, pois não existe pai e mãe perfeitos, nós vamos falhar. Mas é importante entendermos que existem falhas e FALHAS e o tamanho delas vão influenciar na valência, na intensidade dos esquemas e no tamanho do prejuízo e do sofrimento que eles trarão ao longo da vida.

Ouvi de uma professora querida, Ana Rizzon, que os esquemas podem ser como um leve resfriado ou como uma pneumonia e gosto muito de explicar assim para os pais. Se as falhas são pequenas os esquemas serão mais leves, se as falhas são grandes os esquemas serão mais graves e quando essa criança crescer, ela se tornará um adulto com mais dificuldades emocionais, com mais sofrimento nos relacionamentos, com uma visão de si mesmo mais negativa. Ela não passará pela vida de uma maneira tão suave, pois será um adulto mais disfuncional.

Quando conhecemos e compreendemos essas necessidades, temos uma direção (um mapa, lembra?) na maneira de educar os nossos filhos e isso o ajudará a se tornar um adulto com saúde emocional.

E como é um adulto emocionalmente saudável?

É um adulto que:

- Busca e constrói vínculos seguros com os outros.

- Se conecta e compartilha interesses e sentimentos.

- Enfrenta problemas de forma proativa.

- Tolera frustração e adia gratificações para conquistar algo a longo prazo.

- Sabe se colocar no lugar do outro.

- Consegue ser assertivo ao expressar suas opiniões, necessidades e sentimentos.

- É flexível para adaptar suas habilidades ao contexto vivido.

- Consegue ter um equilíbrio entre o dever e o lazer

A vida seria mais fácil se tivéssemos todas essas habilidades, né? Nós adultos já recebemos os elos da corrente dos nossos pais, por isso não podemos mais construir a nossa personalidade, mas podemos reeditar, reparar, reformar tentando suprir o que faltou. É o que fazemos com os pacientes adultos que chegam ao consultório. A Terapia do Esquema dá um lindo nome para isso: Reparentalização limitada. Recebe o nome de limitada pois funciona como um reparo ao que faltou.

Já os nossos filhos, estão em construção e temos a chance de contribuir para que essa obra seja linda!

Nós não escolhemos o que herdamos geneticamente dos nossos pais, assim como não escolhemos o temperamento dos nossos filhos.

4º CAPÍTULO

Primeira parada: Personalidade

Ninguém nasce com a personalidade pronta, estruturada. Ela vai sendo construída à medida que a criança cresce em um processo gradual, complexo e multifatorial, ou seja, vários fatores se combinam para formar a personalidade.

Imagine que a nossa personalidade é uma mistura de vários ingredientes. Nós recebemos uma base pronta, biologicamente determinada, algo que herdamos geneticamente. Chamamos essa base de temperamento.

A formação da personalidade acontece na integração dessas características genéticas com as experiências afetivas, comportamentais e cognitivas do ambiente em que nascemos e crescemos.

Vou fazer uma analogia para ficar mais claro. Imagine um bebê que nasce com a cor da pele bem branca. Agora imagine que ele nasceu no Rio de Janeiro. Ele cresceu indo à praia desde pequeno, adora jogar bola na areia, andar de bicicleta na rua, soltar pipa, nadar, surfar.

Imagine agora, que esse mesmo bebê, nasceu no Alaska. Obviamente terá uma exposição muito menor ao sol e sempre com roupas de frio.

Será que a cor da pele dessas crianças que cresceram em ambientes diferentes será a mesma com o passar dos anos?

É isso o que acontece quando falamos da formação da personalidade. Ela será um resultado, após a "exposição" do nosso temperamento ao ambiente em que crescemos. E esse ambiente é a nossa cultura, a nossa casa, a nossa família, o estilo de apego que formamos com nossos pais e as necessidades emocionais que temos, que poderão ou não serem supridas na nossa infância.

Mas então toda criança que nascer no Rio de Janeiro ou no Alaska terão sempre o mesmo resultado na pele após o sol abundante ou a extrema exposição ao frio? Não, pois existem diversas cores de pele. E é aí que fica ainda mais interessante essa história de personalidade.

Se você tem irmão(s) pense na sua família. Se não tem, pense em uma família com mais de um filho que você conheça. Essas crianças cresceram em um mesmo ambiente, tiveram os mesmos pais, mesmos avós, estudaram na mesma escola. Embora o ambiente não seja 100% igual (tiveram professores, amigos diferentes), é muito parecido, principalmente nos primeiros anos de vida. Pense nos adultos que essas pessoas são hoje. A personalidade delas é a mesma? Talvez tenha um que goste muito de esportes, outro que goste de artes, um que busque ter estabilidade, um que adore uma aventura e que largue tudo para viver novas experiências, talvez um outro seja mais inseguro e não goste de se arriscar tanto. Pode ser que um seja calmo e o outro mais explosivo, um tenha muitos amigos e adore conversar com todo mundo e outro mais reservado.

Assim, fica fácil compreender que tanto o temperamento quanto o ambiente vão impactar no resultado, da personalidade.

Existem diferentes tipos de temperamento e diferentes tipos de ambientes e as infinitas possibilidades de interação entre eles resultará na personalidade do seu filho.

E por que saber disso é importante para nós, pais?

Nós não escolhemos o que herdamos geneticamente dos nossos pais, assim como não escolhemos o temperamento dos nossos filhos, mas conhecer qual traço ou qual tipo de temperamento eles nascem, nos ajuda a construir esse ambiente ao redor deles que irá influenciar na genética. Isso é o que chamamos de epigenética (por cima da genética). O ambiente, assim como o estilo de vida que levamos, poderá ativar ou desativar alguns de nossos genes, sem alterar o DNA. Imaginem que são como interruptores que estão ali, mas podem ser ligados ou não.

Traços do temperamento não podem ser excluídos, mas podem ser mantidos, ampliados ou diminuídos.

5º CAPÍTULO

Filho não é tudo igual!

Quero começar esse capítulo contando uma história da minha infância. Quando eu era pequena, refrigerante não era algo que se bebia sempre, somente aos domingos ou dias especiais.

Lembro exatamente como acontecia. Minha mãe colocava os quatro copos das filhas um ao lado do outro e ia enchendo de refrigerante. Ficávamos ali atentas, vigilantes, para garantir que uma não ganharia mais que a outra. Minha mãe tentando ser o mais justa possível, dizia: *"Calma gente! O que eu dou para uma eu dou para a outra, tudo na mesma medida!"*

Ainda bem que ela estava falando somente de um copo de refrigerante. Se estivesse falando de necessidades emocionais e aplicado a mesma regra, ela teria um problema. Um não, quatro!

Contei essa história, para você entender que necessidades emocionais não são como um copo de refrigerante. Não podemos tentar ser justos e sair distribuindo o mesmo tanto para cada filho. Precisamos tentar ser justos dando o necessário para cada um deles. O temperamento determina o quanto a mãe precisa encher cada copo.

O temperamento é a base, o alicerce em cima do qual será construída a personalidade do seu filho. Em crianças bem pequenas já podemos perceber traços desse temperamento. Se você tem mais de um filho e for me contar como eles eram desde bebê, você irá perceber que algumas características já estava lá.

Talvez um tivesse mais capacidade de se adaptar. Dormia em qualquer lugar, não estranhava pessoas novas e o outro, por exemplo, se desorganizava quando precisava dormir em um ambiente diferente, ou quando mudava um pouco a rotina.

Um bom treino é você começar a observar as crianças que você conhece. Tente identificar o temperamento delas. Quanto mais nova a criança mais "pura" será a sua percepção sobre o que veio geneticamente.

Quando atendo uma criança, gosto de imaginar o temperamento como a primeira mão de um jogo de cartas. Cada uma recebe cartas sem poder escolher e precisa fazer um bom jogo com elas. Essa metáfora explica bem o porquê algumas pessoas são mais impactadas pelo ambiente onde cresceram do que outras. O seu temperamento pode ajudar ou não a lidar com o contexto em que vivem.

Por exemplo: Imagine uma criança mais introvertida, que vive em um ambiente que adora contato social, gosta de receber amigos, fazer viagens em turma e a casa está sempre cheia. Provavelmente essa criança terá mais possibilidades de treinar habilidades sociais e ampliar um pouco o seu repertório. Mas se essa criança tiver pais críticos, exigentes, que têm expectativas altas em relação ao seu desempenho social, talvez essa criança não se sinta segura em tentar, em se aproximar das pessoas e em desenvolver habilidades, pois tem medo da crítica. Mas e se nessa família tivesse um outro filho com um temperamento mais extrovertido? Ele não seria tão impactado por esses pais críticos e exigentes no âmbito social. Provavelmente passaria por esses momentos de uma forma mais macia, mais leve.

E o que fazer com essa criança introvertida? Esse é um dos maiores motivos pelos quais os pais precisam aprender sobre temperamento. Traços do temperamento não podem ser excluídos, mas podem ser mantidos, ampliados ou diminuídos. Pais bem orientados podem antecipar e proteger essa criança de situações que possam ser mais desafiadoras ou "agressivas" para ela.

Também podem ensinar como ela pode fazer para se aproximar socialmente de outras crianças. São pais que servirão como um modelo apoiador, serão uma boa dupla com essa criança introvertida ajudando-a a fazer melhores jogadas, com a mão de cartas que ela recebeu.

Eu tenho uma criança introvertida em casa. Lembro quando a Clara tinha uns 2, 3 anos e todas as vezes que ia ao meu consultório se escondia atrás das minhas pernas quando o porteiro do prédio a cumprimentava. Foram diversas vezes até que ela conseguisse dar bom dia.

Vou dividir com você como eu conduzia esses momentos, não com o objetivo de passar uma receita, mas para mostrar que pequenas escolhas dos pais podem ajudar essa criança a esticar um pouco esse elástico do temperamento.

Quando a Clara se escondia, eu não a obrigava a dizer oi,

não a criticava dizendo que era falta de educação não responder, não olhava feio. Eu fazia 3 coisas:

1) Acolhia e normalizava:- Dizia que estava tudo bem ficar envergonhada quando uma pessoa que ela não conhecia muito chegava para conversar com ela. Contava que eu também me sentia assim quando era criança e que fui aprendendo a dizer bom dia, boa noite quando encontrava as pessoas. (Importante: não fazia isso na hora que acontecia, eu falava depois, sem ter plateia).

2) Modulava e ampliava repertório: Dizia para ela prestar atenção como eu fazia. Tinha dia que eu dizia oi e perguntava se estava tudo bem, outras eu perguntava se ele estaria de plantão no fim de semana, ou fazia algum comentário sobre o tempo ou sobre a filhinha dele.

3) Antecipava: Todas as vezes que íamos ao consultório antes de sair de casa já perguntava: *"Filha, quem você acha que estará na portaria hoje, o Manuel ou o Renato?"* Se for o Manuel, como vamos dar bom dia? Ela respondia: *"Bom dia Manuel!"*

Mesmo fazendo tudo isso ela chegava lá e se escondia. E isso aconteceu muitas vezes!! Até que um dia o Manuel deu bom dia e ela respondeu: Bom dia Manuel!

Hoje ela chega, dá bom dia, conta que aprendeu a andar de bicicleta ou que fez um passeio no final de semana.

Eu sei que quando ela crescer, provavelmente não será a

adulta mais extrovertida do mundo, mas será mais fácil conversar com pessoas diferentes, interagir com colegas do trabalho, dizer o que pensa e falar em público.

Quero dividir com você algo que me ajudava muito nesses momentos: entender como eu me sentia quando a minha filha se escondia no meio das minhas pernas e não respondia a quem a cumprimentava.

Muitas vezes ficamos incomodados com a maneira que nossos filhos se comportam, porque estamos preocupados com o julgamento dos outros. Afinal, o que o porteiro pode pensar sobre a mãe psicóloga, no caso eu, da criança que se esconde envergonhada? A verdade é que ele pode pensar o que quiser.

O que ele pensa diz sobre ele e não sobre mim.

Lembre-se do temperamento dela, é difícil lidar com o novo, ela gosta das coisas como ela conhece, ela precisa de você para se acalmar, *ela não vai voltar a linha de base sozinha, saia do ringue!*

6º CAPÍTULO

Segunda parada: Temperamento

Agora que você já entendeu a importância de aprender sobre o temperamento, vamos para a próxima parada do mapa?

Explicar e conhecer o temperamento não é um objetivo novo. Ao longo da história, várias teorias surgiram e muitas pesquisas foram feitas para entender mais sobre o temperamento.

Vou explicar para você a teoria mais aceita mundialmente, por ter sido investigada em diferentes línguas e culturas com uma amostra bem representativa: A teoria do Big Five, ou Modelo dos Cincos Grandes Fatores. Uma dica para te ajudar na compreensão dessa teoria: ao ler sobre esse modelo pense nos seus filhos ou em você mesma na infância.

Todo mundo nasce com cinco fatores, cinco dimensões de temperamento: Neuroticismo, Extroversão, Amabilidade, Conscienciosidade (ou Realização) e Abertura, porém em medidas diferentes. Isso significa que enquanto uma pessoa pode ter uma alta extroversão, outra pode ter uma baixa ou uma média, e assim acontece em cada um desses fatores.

A imagem a seguir ilustra as cinco dimensões.

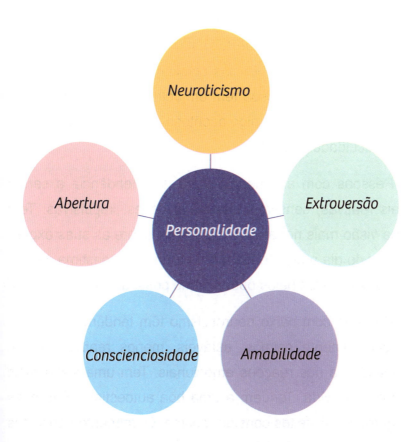

Vamos a cada uma delas:

O Neuroticismo nos diz do nível de ajustamento versos estabilidade emocional. Avalia o quanto uma pessoa pode se perturbar ou se consegue ter estabilidade emocional diante das situações e experiências cotidianas. Esse fator fala da dificuldade que a pessoa tem em voltar a linha de base (ao bem-estar) depois que algo acontece. Como ela reage diante das dificuldades da vida.

Pessoas com alto neuroticismo, tem tendência a serem mais reativas, sensíveis, hostis, ansiosas, impulsivas. Tem uma visão mais negativa e pessimista sobre as suas experiências do dia a dia. Tendem a uma baixa autoestima. Geralmente são vistas pelos outros como pessoas difíceis de lidar.

Pessoas com baixo neuroticismo têm tendência a serem emocionalmente calmos, estáveis, menos reativos e têm consistência nas reações emocionais. Tem uma visão mais otimista da vida. Tendem a uma boa autoestima. São mais seguros e satisfeitos consigo mesma. Geralmente são vistas como pessoas de fácil trato.

Um neuroticismo alto é um fator vulnerabilizante, ou seja,

aumenta a chance de desenvolver um transtorno de humor como depressão e ansiedade e os transtornos de personalidade.

Crianças com alto neuroticismo, com alta instabilidade emocional, tendem a sentirem mais vezes e com maior intensidade, raiva, culpa, vergonha e medo. Geralmente tem mais chance de terem preocupação e ansiedade.

Crianças com baixo neuroticismo têm as emoções ativadas em uma menor frequência e intensidade. Um ponto de atenção é que podem, devido ao "excesso" de tranquilidade, se expor mais a perigos físicos e sociais, já que são pouco responsivas às alterações ambientais.

Crianças com um neuroticismo mediano, tendem a uma maior adaptabilidade, pois respondem aos estressores do ambiente de maneira mais apropriada. Conseguem ter mais equilíbrio entre ansiedade e calma, preocupação e despreocupação.

Vamos ao segundo fator:

Extroversão

A extroversão nos fala da quantidade e da intensidade das relações interpessoais, do nível de energia, atividade, busca de estímulos e da capacidade de se alegrar. É a tendência a ter interesses e energia direcionados para o mundo externo.

Pessoas com alto nível de extroversão geralmente gostam de estar entre pessoas, gostam de trabalhar em grupo e tem uma tendência à liderança. São mais ativas, falantes, empolgadas e expressivas. Buscam excitação e emoções positivas. Já ouviu a expressão "Chegou a alegria da festa?" Provavelmente a alegria da festa é alguém com alta extroversão! É aquele que nunca vai estar em um canto sozinho, ele escolhe estar sempre com um grupo.

Já pessoas com baixa extroversão são mais quietas, retraídas, tímidas, reservadas. Não buscam tanto o outro, são mais orientadas para a tarefa e menos para a relação interpessoal. Ou seja, se preocupam mais com o que precisam fazer do que com quem vão fazer. Geralmente conseguem lidar melhor com o tédio e tendem a ter um nível de energia mais baixo. Mas isso não significa que são infelizes.

Crianças com alta extroversão, costumam ser ativas, falantes, expressivas, cheias de energia, dominantes, sociáveis, questionadoras, bem-dispostas e cheias de entusiasmo. Preferem estar rodeadas por outras pessoas e buscam por isso.

Crianças com baixa extroversão são inibidas, quietas, mais caladas e estão mais voltadas para si, geralmente estão no seu mundinho. São capazes de passar muito tempo entretidas na mesma atividade e preferem estar sozinhas ou em um pequeno grupo de pessoas conhecidas.

Crianças com uma extroversão média, estão entre os pólos, não são falantes e ativas o tempo todo, nem quietas e retraídas.

Terceiro fator:

Amabilidade

Enquanto a extroversão fala da quantidade e intensidade das relações, a amabilidade nos diz da qualidade da relação interpessoal. Pense num continuum que vai da compaixão à indiferença. Você pode ser aquela pessoa que possui uma grande afetividade e empatia ou ser mais distante, frio e não se conectar tanto com as necessidades do outro.

Pessoas com alta amabilidade são mais habilidosas socialmente, são afetuosas, confiáveis, honestas, agem de modo cooperativo, são modestas e compassivas. Tem um direcionamento para o outro e uma maior facilidade em perceber onde dói no outro. Pode ter uma tendência a ser mais ingênuo.

Pessoas com baixa amabilidade tem um direcionamento mais voltado para si. Geralmente são mais desconfiados sobre as intenções dos outros, e mais competitivas que cooperativas. Tendem a ser mais egoístas, irritáveis, hostis e rudes.

Crianças com alta amabilidade são altruístas e cooperativas. Na relação com os outros, são gentis, simpáticos e acreditam que os outros também agirão assim. Podem ser ingênuas ou sugestionáveis.

Crianças com baixa amabilidade tendem a ser mais egocêntricas, voltadas para si mesmas, e mais competitivas que cooperativas. Podem ser mais rudes e mais desconfiadas em relação às intenções dos outros.

Crianças com amabilidade média vão ser mais educadas em alguns momentos e em outros mais rudes. Mas é provável que tenham respostas mais adaptativas às mudanças no ambiente, tendo menos dificuldades nos relacionamentos.

O quarto fator:

Concienciosidade

Esse fator está relacionado ao grau de organização, persistência, disciplina, atitudes e comportamentos direcionados a um objetivo.

Crianças com alta conscienciosidade, também chamada de realização, são muito disciplinadas para cumprir e realizar suas tarefas, sabem sobre suas obrigações e são ordenadas, competentes e persistentes.

Crianças com baixa conscienciosidade não são tão preocupadas com seu desempenho, são mais desorganizadas e mais flexíveis em seguir regras. Geralmente são mais relaxadas e se preocupam mais em usufruir do que com o realizar.

Crianças com uma conscienciosidade média conseguem achar um equilíbrio entre responsabilidade e lazer. Podem também ter altos níveis de disciplina e esforço e ter baixa capacidade de organização.

O quinto fator:

A abertura a experiência pode ser entendida como a tendência a ser curioso e imaginativo. É o comportamento exploratório. Diz da busca por novas experiências e abertura para o mundo.

Pessoas com uma alta abertura geralmente tem amplos interesses, conseguem apreciar as experiências, são mais flexíveis, criativos, originais, proativos, tolerantes, ávidas por experimentar! É muito comum encontrar pessoas com alta abertura no mundo artístico, pois elas transitam muito bem no mundo da fantasia, da imaginação e das emoções.

Pessoas com baixa abertura, são mais rígidas, mais convencionais, mais sensatas, estão mais atentas às regras e padrões. Tem menos curiosidade e buscam o que já é conhecido.

Crianças com alta abertura, gostam de buscar coisas novas: comidas, lugares, pessoas. São abertas a novas ideias e são curiosas.

Crianças com baixa abertura tendem a ser menos imaginativas e criativas, são menos curiosas e pouco interessadas em novidades. Geralmente escolhem atividades e brincadeiras que já conhecem.

Crianças com abertura mediana podem ser mais abertas para algumas coisas e outras não.

De todos os cinco fatores da personalidade esse é o mais difícil de ser observado nas crianças, pois além de não estar completamente desenvolvido, na infância ainda se tem muita influência do estilo e hábitos da família.

Depois de ler tudo isso, você pode estar se perguntando: Tem um temperamento ideal?

Não. O temperamento vai ser "bom" ou "ruim" dependendo do ambiente que ele está. Existe uma metáfora da aranha, que aprendi com a Ana Rizzon, que eu gosto de usar para explicar isso: A teia para uma aranha é uma benção, para a mosca é a morte.

Para uma criança que vive em um ambiente hostil, por exemplo, ter uma baixa amabilidade é melhor, pois é protetor. Uma criança com alta amabilidade no mesmo ambiente estará mais vulnerável.

(Aqui vale um parêntese para uma dica: Tem uma coleção de livros para criança chamada Jeito de ser, da Marcela Mansur e da Carmem Beatriz Neufeld que explica de um jeito lindo as diferenças do temperamento).

Como falei no capítulo anterior, não existe um manual para ser um bom pai ou uma boa mãe. Mas existe um mapa! E essa é uma parada muito importante neste mapa.

Conhecer o temperamento dos nossos filhos nos ajuda a fazer escolhas mais adequadas, ou que funcione melhor para aquela criança.

Entender por exemplo, que a minha filha tem um neuroticismo de médio para alto e pouca abertura, me ajuda a antecipar que diante de algo inesperado, ou quando algo não saia como o planejado, ela vai sentir medo ou raiva provavelmente numa intensidade maior que outra criança. E precisará mais da minha ajuda para manejar a emoção e voltar a linha de base (linha do bem-estar). Saber disso também me ajuda a lidar com a minha emoção: é mais fácil não me sentir desrespeitada por exemplo e não entrar em uma briga ou uma disputa com ela. Me ajuda a ficar firme no meu papel de ajudá-la a se acalmar e a repetir para mim mesma: *"eu sou o resgate, eu sou o resgate".*

Vou dividir com você um momento que vivi com a Clara que vai te ajudar a compreender melhor como conhecer o temperamento do filho pode nos ajudar.

Estávamos no 6º mês da pandemia. Aquele momento que não tínhamos mais como acreditar que ela duraria no máximo uns 3 meses, mas que era insuportável imaginar que sobreviveríamos se durasse até dezembro. (mais de 1 ano e meio depois e cá ainda estamos nós!)

Bom, tenho uma grande amiga que tem uma filha um pouco mais velha que a Clara, nesse dia ela passou no meu prédio e deixou uma sacola com uns 8 pares de sapatos praticamente novos, que ficaram pequenos para a sua filha.

Não me lembrava de ver a Clara tão feliz há muito tempo (só relembrando o contexto: criança de 4 anos sem sair de casa, sem amigos, sem escola)!

Ela estava radiante, experimentou todos os sapatos, deu gargalhadas e desfilou pela casa. Por fim enfileirou todos eles, se deitou no chão, fez uma pose e pediu para eu tirar uma foto, repetindo mil vezes como estava feliz.

No fim do dia, peguei os sapatos, guardei os que estavam grandes, separei os que já serviam e fui organizar tudo no armário. Tirei os dela que estavam apertados e os que sobraram reorganizei junto com os novos.

Quando ela abriu o armário e viu a mudança, ela ficou muito brava. Gritou, chorou, me xingou, dizendo que eu não era para arrumar desse jeito, disse que não gostou e chorou mais um pouco.

Tentei explicar que não cabiam todos no armário, que eu tirei os que já não serviam, que ela tinha muitos sapatos novos que precisava guardá-los. Quanto mais eu falava, mais brava ela ficava. Foi então que ela começou a tirar tudo do armário e a jogar no chão. E a cena a seguir foi essa:

Ela gritava, tirava um sapato do armário e jogava no chão. Eu pegava o sapato no chão, gritava de volta e jogava no armário. Uma vez, duas, três vezes...

Pronto! Estávamos num ringue! Clara se afogando nas emoções dela e eu me afogando nas minhas. A criança de 4 anos numa inundação emocional e mãe da criança, de 43 anos, psicóloga, especialista, mestre, que leu incontáveis livros sobre como educar filhos, que trabalha com grupo de pais, que ensina adultos e crianças a manejarem as emoções, estava numa escalada emocional com sua filha rumo a tragediolândia!

Foi aí que escutei uma vozinha dentro de mim, meu adulto saudável, dizendo desesperado: você é a adulta, você é o resgate!

Enquanto um lado meu continuava na batalha, outro se agarrava a tudo que podia e conhecia para conseguir mudar o rumo daquela situação.

Fui buscando dentro de mim tudo que eu aprendi e fui repetindo mentalmente: Você está escalonando com ela, ela é a criança, você é a adulta, ela não vai sair desse looping sozinha, você é o resgate dela, lembre-se do temperamento dela, é difícil lidar com o novo, ela gosta das coisas como ela conhece, ela precisa de você para se acalmar, ela não vai voltar a linha de base sozinha, saia do ringue!

Não sei quantas vezes precisei repetir para mim mesma essas palavras, mas a medida que repetia, fui me acalmando. Soltei os sapatos, abaixei o tom de voz, troquei meu olhar de raiva por um olhar de afeto e disse o mais baixo que eu consegui: Filha, acho que não foi uma boa ideia arrumar tudo do meu jeito, mas não consigo conversar sobre isso agora.

Ela parou de gritar e me olhou. Eu chorava e ela chorava. Perguntei se a gente podia dar um abraço. Nos abraçamos, choramos mais um pouco e eu disse que um banho ia me ajudar a me sentir melhor e que se ela quisesse poderia tomar um banho comigo.

Ela soltou o sapato que ainda segurava e me deu a mão. Fomos para o banho, deixando para trás o "cenário de guerra". Gastamos mais tempo no banho do que o costume, pois precisávamos lavar o coração! Só voltamos ao quarto dela quando estávamos calmas, afinal os "escombros" ainda estavam ali: sapatos espalhados por todo o quarto. Perguntei como ela gostaria de fazer com os sapatos, disse que eu estava lá para ajudá-la. Ela sorriu e disse: Mamãe podemos fazer como estava. Do seu jeito era bom!

Aqui vale um momento de atenção!

Eu poderia começar outra briga ali, afinal eu tinha razão, né? (Levanta a mão comigo, quem aqui é mãe e pai que adora ter razão?!) Eu poderia dizer que todo aquele escândalo tinha sido para nada, que ela bagunçou tudo para arrumar igualzinho estava, que tive trabalho dobrado e blá, blá, blá.

Mas eu só sorri e disse: Tá bom! Vamos lá?

Minha maior alegria não era ter vencido a batalha, era eu ter entendido que a dor dela não vinha dos fatos (eu ter guardado os sapatos do meu jeito). A dor dela vinha por encontrar algo diferente do que ela esperava ao abrir o armário. Vinha da dificuldade de lidar com o novo, com o inesperado. Que bom que eu nesse dia consegui enxergar isso!

Sabe, entender qual era a dor escondida atrás do comportamento dela, foi o que me resgatou da minha inundação emocional. Sim, antes de ser resgate precisei me resgatar, pois, não podemos ser resgate de alguém se estamos nos afogando junto. Conseguir manejar a nossa emoção é essencial para a gente sair do ringue.

Enquanto estou aqui escrevendo isso fico imaginando como você se sente, quais emoções se ativam enquanto você lê, quais lembranças vem a sua mente. Talvez você se lembre de alguma situação que também subiu no ringue com o seu filho, ou de alguma vez que foi escalonando com ele e o final da história não foi bom. Talvez esteja se culpando por não ter conseguido ser resgate quando ele precisava.

Está tudo bem! Nenhuma mãe consegue sempre. Nenhum pai consegue sempre. A parentalidade é assim para todo mundo e para mim também: UM PROCESSO! Vivemos um dia de cada vez, com dias melhores e dias piores, com dias cheios de paz e outros cheios de caos. Às vezes muito perdidos, às vezes com um mapa nas mãos.

(Para encerrar esse capítulo, vamos fazer mais um exercício)

Exercício: Como é o temperamento do seu filho?

Agora vamos à parte prática! Provavelmente você foi lendo e passando por cada um dos fatores pensando o quanto seu(s) filho(s) tem de cada um deles. Vamos fazer isso de um jeito objetivo e bem visual?

A seguir temos a figura com os cinco fatores do temperamento para você colorir. Preencha cada um deles fazendo um link com as informações que você leu aqui, com o que você percebe do seu filho no dia a dia. Se precisar, volte em cada um deles e leia novamente.

Por exemplo, se seu filho se parece com a descrição de um alto neuroticismo, colora todo o círculo que representa esse fator. Uma dica é os pais irem preenchendo os círculos sem mostrar um para o outro e só depois de todos preenchidos conversarem sobre eles.

Procure pensar no seu filho bem pequeno, quando ele era bebê ou ainda na primeira infância. Afinal quanto maior ele for, mais terá sofrido o impacto do ambiente e do estilo de apego sobre o temperamento.

Vou deixar um resumo para te ajudar!

Neuroticismo: Esse fator fala da instabilidade emocional. É dificuldade que a pessoa tem em voltar a linha de base (ao bem-estar) depois que algo acontece.

Extroversão: Esse fator fala da quantidade e da intensidade das relações interpessoais, do nível de energia, atividade, busca de estímulos e da capacidade de se alegrar. É a tendência a ter interesses e energia direcionados para o mundo externo.

Amabilidade: Nos diz da qualidade da relação interpessoal, um continuum que vai da compaixão à indiferença. Seu filho pode ser aquela pessoa que possui uma grande afetividade e empatia ou ser mais distante, frio e não se conectar tanto com as necessidades do outro.

Concienciosidade: Esse fator está relacionado ao grau de organização, persistência, disciplina, atitudes e comportamentos direcionados a um objetivo.

Abertura: Fala da tendência a ser curioso e imaginativo. É o comportamento exploratório. Diz da busca por novas experiências e abertura para o mundo.

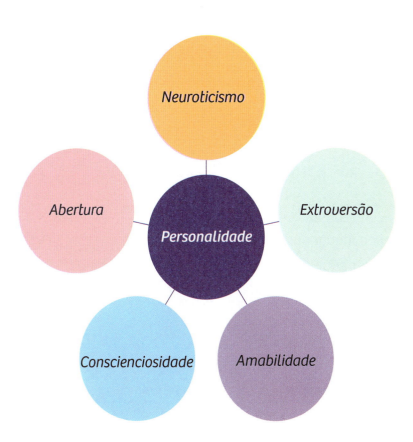

Quando eu sei que as necessidades emocionais existem e quais são elas, eu as mantenho no meu "radar".

7º CAPÍTULO

Terceira parada: Necessidades Emocionais

Vamos para a nossa terceira parada!!

Para entender o que uma criança precisa para se tornar um adulto saudável, vou voltar um pouco no que falei no início deste livro, a Terapia do Esquema de Jeffrey Young.

Ele acredita que todas as crianças nascem com cinco necessidades emocionais que precisam ser supridas pelos seus cuidadores. Mas não adianta ser simplesmente suprida, precisa ser na medida certa daquela criança. Dessa forma, as necessidades, embora sejam as mesmas, podem ter "tamanhos" diferentes para cada um. Assim um filho pode ter uma necessidade mais forte que as outras. O que define essa medida é o temperamento, a parte biológica da personalidade, lembra?

Quando essas necessidades não são supridas surgem os Esquemas, padrões emocionais e cognitivos auto derrotistas, que se tornam verdades absolutas e incondicionais, e essa criança irá carregá-la dentro de si por toda vida. Essas verdades funcionam como uma lente e é através dela que ela vai enxergar a si mesma e ao mundo.

Young traz uma observação importante: a maioria dos esquemas não resultam de acontecimentos traumáticos e sim de experiências nocivas no dia a dia, que vão ali, repetidamente reforçando o esquema. Uma criança que é exigida e criticada constantemente pelos pais sobre seu desempenho na escola, tem mais chance de desenvolver um esquema de fracasso.

Muitas vezes pensamos que só tragédias impactam uma criança. Sim, as tragédias impactam, mas a construção da personalidade acontece a todo momento. Isso significa que todos os dias temos a oportunidade de trazer algo bom ou ruim para esta construção.

Conhecer estas cinco necessidades, não nos dá a garantia que vamos conseguir supri-las em suas totalidades, mas nos dá a chance de ficarmos mais atentos, mais conectados, e mais disponíveis para atendê-las.

Gosto muito de fazer uma pergunta para explicar isso aos pais. Se você não soubesse que bebês recém-nascidos sentem cólicas, o que você pensaria que seu filho estaria sentindo em um momento de choro? Geralmente as respostas são: fome, frio, incômodo pela fralda suja ou que querem colo. Aí você vai tentar alimentá-lo, aquecê-lo, trocar a fralda e dar colo, mas não é isso o que ele precisa, pois o que ele sente é dor e enquanto a cólica não passar ele não vai parar de chorar. Porém, se você sabe que bebês sentem cólicas você vai olhar para aquele choro, lembrando dessa possibilidade e tentará ajudá-lo de outras formas, com uma massagem na barriga ou com uma bolsa de água quente. Você saber que essa necessidade, de cuidar de uma possível dor existe, te move na direção de atendê-la.

É exatamente assim com as necessidades emocionais! Quando eu sei que elas existem e quais são elas, eu as mantenho no meu "radar". Assim, terei uma maior prontidão em percebê-las e será mais fácil supri-las.

A seguir, temos as cinco necessidades emocionais compiladas por Jeffrey Young, também denominada por ele como tarefas evolutivas ou domínios esquemáticos.

1 • Vínculos seguros com outros indivíduos (inclui segurança, estabilidade

cuidado e aceitação)

2 • Autonomia, competência e sentimento de identidade

3 • Limites realistas e autocontrole

4 • Liberdade de expressão. Necessidades e emoções válidas

5 • Espontaneidade e lazer

Se é nosso papel como cuidadores, suprir essas necessidades dos nossos filhos, precisamos entender cada uma delas, né? Neste capítulo, vamos trabalhar nisso.

Os Cinco Grandes Fatores

(VOCÊ ESTÁ AQUI)

Teoria do Esquema

A Estrela das Necessidades Emocionais

Gosto muito de uma imagem, que uso para explicar para os pais e para meus pacientes, sobre as cinco necessidades. Lembro exatamente que no momento que aprendi isso, foi como se acendesse uma luz dentro de mim. Uma amiga psicóloga, Thaís Morais, dividiu essa ideia dela comigo, de explicar sobre as cinco necessidades como se elas fossem uma estrela de cinco pontas. Eu nunca mais esqueci e a partir daquele dia é essa metáfora que eu uso.

Cada ponta da estrela, diz de uma necessidade emocional que todos nós temos. Vou explicar cada uma delas, mas antes é importante relembrar que, embora todas as crianças tenham as cinco necessidades, o temperamento (lembra dos cinco fatores?), é quem vai definir o quanto essa criança precisa receber de cada uma delas. Vamos ver isso de um jeito bem visual?

Imagine dois irmãos: Pedro e Beatriz.

Para cada um, assim como para cada criança, teremos uma estrela das necessidades emocionais diferente, pois o temperamento deles não é igual.

Vamos conhecer a estrela do Pedro:

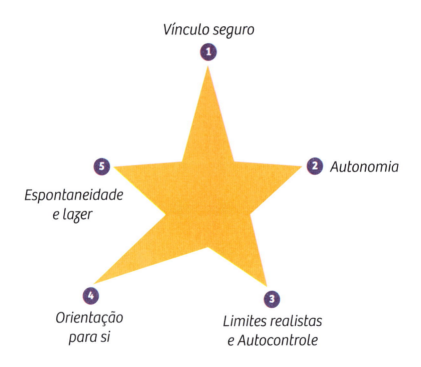

Ele tem alto neuroticismo, ou seja, é instável emocionalmente, tem dificuldade de voltar a linha de base depois que algo acontece. Tem também uma alta amabilidade, e por isso se conecta muito com a necessidade do outro. Como o seu temperamento impacta nas suas necessidades, é provável que ele seja uma criança que precise muito de um vínculo seguro. Aceitação, amor incondicional, e a certeza de pertencimento é algo que o ajudará a ter mais estabilidade emocional. Também o ajuda a ter suas emoções e necessidades validadas e liberdade para expressar o que pensa e o que sente, assim não colocará a necessidade do outro em primeiro lugar se colocando sempre em segundo plano.

Agora vamos conhecer a estrela da Beatriz:

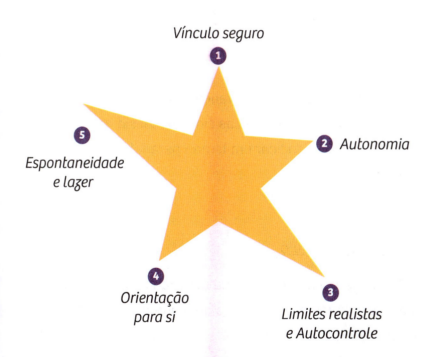

Ela é uma criança com baixa realização, não tem muita disciplina, organização, nem persistência para conquistar algo a longo prazo. Também tem baixa extroversão e por isso não busca por relações interpessoais e tem seus interesses e sua energia muito voltadas para seu mundo interno. Provavelmente é uma criança que precisa de limites para se organizar e focar nos seus objetivos e deverá ser estimulada na busca por atividades prazerosas e de lazer e incentivada a ser espontânea.

Se você fosse a mãe ou o pai de uma dessas crianças não seria muito mais fácil exercer a parentalidade sabendo disso?

Então, seja bem-vindo a terceira parada do nosso mapa: A estrela das necessidades.

Acredito no poder da prevenção que existe quando compreendemos cada uma dessas cinco necessidades. É tão importante que vou dedicar um tempo para falar de cada ponta da estrela.

1 • Vínculo Seguro

Toda criança precisa de uma conexão segura. Sabe aquela certeza de morar no coração de alguém? A criança precisa disso! Ela precisa se sentir pertencente, aceita, amada incondicionalmente. Essa é uma das necessidades mais importantes que uma criança pode ter. Um bebê nasce 100% dependente, se ele não for cuidado ele morre. Essa necessidade não é só de comida, é de vínculo. O vínculo seguro é baseado nessa certeza: eu vou ser cuidado por alguém, sempre!

O vínculo precisa fazê-la acreditar e sentir que as necessidades de estabilidade, segurança, cuidado, amor e pertencimento serão atendidas. Ela precisa sentir que essa relação é estável, segura, que ela será amada por quem ela é e não pelo que ela faz ou deixa de fazer.

Os pais precisam estar disponíveis, não só estando presente, mas disponíveis afetivamente. Ou seja, precisam estar prontos para **sentir com ela.** Não é só estar ali, é **como** estar ali.

O que os pais podem oferecer aos filhos:

O que pode atrapalhar?

Pais distantes, frios. Famílias instáveis. Famílias que deixam a criança insegura, pois com a falta de previsibilidade ela nunca sabe o que pode esperar desses cuidadores.

E quando essa necessidade não é suprida?

Uma criança que não teve essa necessidade suprida, poderá nas relações e nos vínculos construídos no futuro, ter a sensação de que não é amada, ter a crença que não é importante para ninguém e ainda se considerar diferente dos outros tendo o "sentimento" de não pertencimento a um grupo.

Pode se tornar um adulto que acredita que todo vínculo é frágil e poderá ser rompido a qualquer momento. Ele pode sentir que é falho, ruim, indigno de receber o amor dos outros.

Também pode perceber as relações como perigosas, sempre esperando que seja engando ou machucado pelo outro.

Pode ter a expectativa que o seu desejo de conexão emocional nunca será satisfeito, seja por uma ausência de afeto e carinho, de escuta e compreensão ou pela falta de apoio e orientação.

2 • Autonomia

Toda criança precisa construir sua própria identidade, um self. E para isso, os pais devem permitir gradativamente, de acordo com sua capacidade, que a criança se experimente no mundo. Sabe quando a gente vê uma criança e diz que ela é "cheia de si"? É assim que nossos filhos precisam se sentir!

Ajudar na construção da autonomia gera na criança a capacidade de acreditar em si, de se sentir competente e quando adulto, se sentir capaz de lidar com os desafios que aparecem na vida.

Os pais precisam encontrar um equilíbrio para cuidar sem superproteger. Eles precisam ser o suporte da criança para que ela tenha oportunidades de tentar sozinha. Não é deixar que a criança "se vire", é orientar, estimular, ser a torcida vibrante que acredita no potencial da criança. Assim ela terá a oportunidade de arriscar, fazer escolhas e poderá experimentar sucessos e fracassos, se sentindo capaz de lidar com eles.

O que os pais podem oferecer aos filhos:

O que pode atrapalhar?

Pais superprotetores e ansiosos. Uma família controladora e emaranhada (aquela família onde um toma conta da vida do outro, sabe?). Pais que minam a autoconfiança da criança e não proporcionam que ela passe pelos desafios normais do crescimento.

Outro dificultador, são pais negligentes. E aí temos que pensar na negligência de cuidados básicos, mas também na falta de apoio, ou seja, pais que esperam que a criança faça sozinha, porém não estão ali para orientá-la ou ensiná-la. Também é um dificultador, pais que exigem mais do que a capacidade dela permite, de acordo com seu desenvolvimento.

E quando essa necessidade não é suprida?

Uma criança que não teve essa necessidade suprida, pode na vida adulta, ter dificuldade em funcionar de forma independente e não se sentir capaz de se separar da própria família.

Muitas vezes se torna o adulto inseguro, tem dificuldades de resolver problemas, tomar decisões, fazer escolhas, estabelecer objetivos pessoais e desenvolver habilidades necessárias para conquistá-los.

Pode ainda, ser um adulto que fica esperando que uma catástrofe aconteça, seja algo relacionado a uma doença ou uma tragédia.

Jeffrey Young diz que eles, em relação à competência, permanecem crianças em boa parte da vida adulta.

3 • Limites realistas e autocontrole

Muitos pais aprenderam que dar limites para uma criança é dizer o que ela não pode fazer. Mas dar a elas limites realistas é muito mais que isso. Essa ponta da estrela, nos fala da construção de limites internos que irão ajudá-la a desenvolver um senso de responsabilidade sobre si e ao mesmo tempo uma responsabilidade com as outras pessoas. É sobre aprender a ressonância que sua ação gera no outro. Aqui que se constrói o senso de coletividade!

Uma criança com limites internalizados, conseguirá sentir empatia, compaixão, respeitar normas sociais e o direito do outro. Além disso, ter limites está relacionado a autocontrole. Sabe a capacidade de adiar gratificações, lidar com frustração, se empenhar em tarefas de médio e longo prazo? Só é possível se essa necessidade for suprida.

O que os pais podem oferecer aos filhos:

- Respeitar direitos alheios
- Adiar gratificações
- Tolerância a frustrações
- Objetivos a longo prazo
- Pais colocam limites adequados

O que pode atrapalhar?

Pais muito permissivos, indulgentes ou submissos às vontades dos filhos. Famílias que não oferecem limites, disciplina, orientação ou que mudam as regras conforme o "humor do dia".

Pais que não ensinam aos filhos que eles devem seguir as regras aplicadas a todas as outras pessoas, como se eles fossem uma exceção e não precisassem cumpri-las.

Também pode atrapalhar quando os pais não ajudam a criança no manejo das expressões das emoções e dos impulsos, ensinando a desenvolver o autocontrole.

Lembra que nós somos o resgate? Os filhos, num primeiro momento, vão precisar da nossa ajuda para lidar com as frustrações do dia a dia, e depois vão desenvolvendo habilidades para manejar as próprias emoções.

E quando essa necessidade não é suprida?

Quando isso acontece, muitas vezes se tornam adultos com uma "criança mimada" dentro delas. Um adulto que não teve essa necessidade atendida, terá dificuldade em respeitar os direitos dos outros, alguns até se sentindo superiores, melhores ou com direitos especiais.

São pessoas que acreditam que merecem mais e por isso devem ter mais privilégios que a maioria. Como se as regras delas fossem diferentes das regras do mundo.

Adultos assim podem ser arrogantes, pouco empáticos, impulsivos e ter baixa tolerância à frustração e pouca persistência para alcançar metas.

Young fala que adultos com esquema nesse domínio, nessa ponta da estrela, não desenvolvem limites internos adequados em relação a reciprocidade e autodisciplina.

4 • Direcionamento para si

Costumo dizer para os pais que essa ponta da estrela funciona como o outro lado da balança para a ponta anterior (Limites). Se a falha no suprimento da necessidade de limites, gera um adulto que se coloca acima de tudo e de todos (eu sou o centro do universo), a falha no direcionamento para si, gera um adulto que se coloca abaixo de tudo e de todos (os outros são o centro do universo). É como se o outro sempre viesse em primeiro lugar.

Por isso toda criança precisa que suas necessidades e emoções sejam validadas. Ela precisa crescer em um ambiente que permita que ela expresse o que sente e o que deseja. Precisa acreditar que não tem que renunciar a quem ela é, ao que ela sente, pensa, ou sonha para que seja aceita.

Ela deve ser estimulada a buscar e realizar seus próprios desejos e necessidades, sem desconsiderar as necessidades dos outros e sim buscando um equilíbrio entre elas.

O que os pais podem oferecer aos filhos:

O que pode atrapalhar?

Pais que condicionam o seu amor. Pais que colocam condições: se ele for mais carinhoso, se ele for um bom aluno, se ele for responsável, se gostar de esportes, se, se, se....

Famílias que fortalecem nas crianças a crença que elas precisam restringir ou suprimir aspectos importantes de si mesmas, para serem amadas ou obterem aprovação.

A Teoria de Young explica que são pais que valorizam suas próprias necessidades emocionais ou a necessidade de manter a "aparência", mais do que as necessidades da criança.

E quando essa necessidade não é suprida?

Quando tem uma falha nessa ponta da estrela, essa criança pode se tornar um adulto que busca atender as necessidades dos outros em lugar das suas próprias necessidades.

No ambiente em que ela cresceu, ela aprendeu a "ler" a expectativa do outro e fazer o que era esperado dela, para agradar ou evitar alguma consequência. Assim irá repetir esse padrão quando for adulta, esperando que dessa forma seja aceita.

São adultos que terão dificuldade em dizer não, colocar limites no outro e muitas vezes, nas relações interpessoais, terão uma postura de submissão ou subjugação.

Costumo dizer que adultos assim colocam sua autoestima nas mãos dos outros, pois ela depende das reações alheias.

5 • Espontaneidade e lazer

Gosto de explicar aos meus pacientes que essa ponta da estrela é aquela que determina se vamos viver a vida com leveza ou carregando toneladas nas costas.

Isso começa a ser construído na nossa infância com o ambiente em que crescemos. A criança precisa ser valorizada na sua espontaneidade e nos seus sentimentos. Precisam se sentir relaxadas, e estimuladas a buscarem momentos de lazer, diversão e felicidade.

O que os pais podem oferecer?

O que pode atrapalhar?

Famílias que são rígidas, severas, repressoras, e que costumam desvalorizar o que a criança traz de espontâneo. São pais que valorizam o autocontrole, o cumprimento dos deveres a todo custo, deixando de lado a busca pelo lazer, pela diversão e pela felicidade. Famílias que acreditam que lazer, descanso, diversão só acontece quando dá, não são necessidades da vida.

Toda vez que penso nessa ponta da estrela lembro da Fábula da Cigarra e da Formiga, principalmente por ser uma fábula que reforça essa ideia de que dever e diversão são coisas opostas. Desde pequena não gostava dessa fábula, principalmente quando meus pais vinham com a moral da história: primeiro o dever, depois o lazer. Eu sei que no final da história as formigas acabam acolhendo a cigarra, que estava morrendo de fome e frio, e a alimentam em troca de uma boa música para alegrar o inverno. Mas durante todo o verão, enquanto cantava, ela foi invalidada e criticada.

Quando criança não tinha argumentos, nem exemplos para questionar essa verdade absoluta, mas à medida que fui crescendo, fui percebendo que é possível fazer o que se "deve" se divertindo.

Quem aqui nunca deu uma faxina no quarto, organizou um armário ou lavou um banheiro ouvindo Ivete Sangalo, e cantando como se estivesse em cima do trio elétrico? Hahaha! (Eu sempre!)

O lazer, a espontaneidade e a diversão nos abastecem e nos dão mais energia para realizar os nossos "deveres". O que precisamos é encontrar o equilíbrio e saber que as duas coisas são importantes para uma vida saudável.

E quando essa necessidade não é cumprida?

Provavelmente teremos um adulto ansioso, pessimista e preocupado diante da vida. São adultos que se preocupam em manter tudo sob controle e acreditam que se ficarem hipervigilantes, se estiverem em alerta e forem cuidadosos o tempo todo nada poderá dar errado.

Também terão dificuldade em ser espontâneos, no que fazem, pensam ou sentem, por medo de serem criticados ou de perderem o controle.

Se tornará um adulto com um alto padrão de exigência consigo mesmo, podendo se pressionar constantemente a fazer sempre o 100%. São perfeccionistas, críticos e podem ser severos e punitivos quando cometem um erro. Brinco com meus pacientes adultos que é como se eles tivessem sempre um chicotinho na mão! Estão prontos para se criticar e punir!

Jeffrey Young fala que adultos com esse esquema suprimem seus sentimentos e impulsos espontâneos e se esforçam para cumprir as rígidas regras internalizadas em relação ao seu desempenho **às custas da felicidade.**

Gosto muito de olhar para as necessidades emocionais pelo viés da estrela. Precisamos de cada uma das pontas para que ela seja completa. São cinco aspectos importantes que precisamos ter no nosso radar quando pensamos em educar uma criança. Na minha prática como mãe, me ajuda bastante ter essa imagem grudada na minha cabeça. Várias vezes em situações corriqueiras com a minha filha, me pego olhando para a estrela e pensando: o que ela precisa agora?

Vou dar um exemplo para que você entenda como pensar na estrela e no temperamento dos nossos filhos, pode nos ajudar.

Imagine uma criança que ama festa de aniversário! Não só o aniversário dela, mas de todas as pessoas que ela conhece, seja um coleguinha da escola ou de alguém da família. A Clara é assim, ela conta o tempo por datas de aniversário. Se no início do ano a gente pergunta quanto tempo falta para o aniversário dela ela provavelmente responderá assim: Primeiro tem o aniversário da tia Lu e da Bisa, depois o aniversário da prima Oli, depois o da mamãe e da madrinha, depois o da irmã e do vozão, depois o do padrinho e depois o meu. Brinco que começa um novo mês e ela já vai posicionando os aniversariantes do mês na organização mental dela.

Enfim, tudo isso para contar um momento em que olhar para a estrela, me ajudou a tomar uma decisão. Em 2020, quando tudo fechou em março e dentre tantas mudanças que passamos, celebrar aniversários foi uma delas. Quando um coleguinha fazia aniversário, cantávamos parabéns virtual na aula online e essa passou a ser a referência de festa na escola. Mas em fevereiro de 2021 as crianças de até 5 anos puderam voltar para a escola. A Clara é de fevereiro e o primeiro aniversário da escola foi o dela. Como todo ano, a escola permitiu que a criança levasse um bolo, salgadinhos e docinhos para cantar parabéns na hora do lanche na salinha. Comecei a organizar tudo, mandei o convite no grupo dos pais. Ela estava empolgada, mas duas semanas antes ela disse que não queria mais a festa de aniversário.

No início achei que não fosse nada sério, mas com o passar dos dias percebi que ela estava ansiosa e sofrendo com isso. Fui conversando e entendi que ela estava com medo e envergonhada. E me dei conta que ela não se lembrava como era uma festa de aniversário na escola. Ela dormia e acordava pensando nisso e me dizendo que não queria mais. Me vi em um impasse! Desisto, desmarco tudo, cancelo ou insisto e faço a festinha mesmo com ela falando que não quer mais?

Então, comecei um diálogo interno. Claro que, meu lado mãe ansiosa que tem medo de errar, começava o diálogo bem na hora que eu ia dormir!! Hahaha!! Foi nesse diálogo interno que fui juntando todas as peças do jogo que eu tinha. Pensei no temperamento dela, na estrela das necessidades e no quanto ela ama comemorar o aniversário. Entendi que ela estava sofrendo, pois seria um lugar de exposição e que ela é uma criança com baixa extroversão. Lembrei também que pela pandemia, após tanto tempo sem festas, aquilo seria uma novidade para ela e que, para uma criança com baixa abertura ao novo, o desconhecido pode ser assustador.

Nesse momento, eu consegui estar sensivelmente disponível (vou falar sobre isso no último capítulo) para saber se deveria influenciar ou acompanhar a escolha dela.

Escolhi influenciar! Pensei que uma boa estratégia, que geralmente uso com ela, seria a antecipação. Ou seja, ensaiar, imaginar, mostrar como seria, para que ela pudesse enfrentar com mais tranquilidade. Sim, eu tinha plena consciência que para aquela garotinha que ia fazer 5 anos, uma festinha na escola era um grande enfrentamento e para mim era uma oportunidade de ser o apego seguro que estica um pouquinho o elástico dela.

E assim eu fiz. Expliquei para a Clara que comemorar os aniversários sempre foi uma coisa importante para ela. E mesmo que hoje ela não se lembrasse e ficasse com medo, ela sempre amou as festinhas da escola e que eu tinha a certeza de que ela ia amar.

Aqui vale uma pausa! Eu só falei isso porque eu realmente tinha certeza! Se ela fosse uma criança que não ligasse, ou que não gostasse de aniversário, eu não diria isso, e provavelmente desistiria da festa. Mas eu estava vendo uma menininha amedrontada, escolhendo abrir mão de algo que ela gosta, que é a cara dela, por falta de coragem! Por isso falei isso com ela, com firmeza e afeto, deixando claro que ia ajudá-la a "criar coragem" para viver esse momento. Nós, pais, precisamos ter falas genuínas e verdadeiras com nossos filhos para conseguir conectar com o que eles estão sentindo. Se não for verdadeiro, não conecta, não funciona.

Retomando a como conduzi esse momento: mostrei as fotos que a escola havia mandado nos anos anteriores das festas dela e de outros amigos. Relembramos cada uma delas! Acolhi dizendo que entendia como ela se sentia, mas que eu a conhecia muito e tinha certeza de que ela voltaria da escola muito feliz no dia da festa dela.

A partir daí a envolvi em tudo, fizemos juntas as lembrancinhas, ela escolheu as cores dos copos e pratinhos descartáveis, escolheu o sabor do bolo e ensaiamos como seria a hora dos parabéns. Contei para ela que geralmente a aniversariante pode escolher dois amigos para ficar ao lado dela e perguntei quem ela escolheria.

E assim fomos caminhando. No dia da festa ela foi alegre e animada e voltou radiante, eufórica. Não sei quem ficou mais feliz, ela ou eu!

Aqui também vale uma pausa! Tenho consciência, que nem sempre eu vou conseguir esticar o elástico dela, nem sempre eu vou estar atenta às possibilidades de ajudá-la a fazer um enfrentamento e nem sempre eu terei os recursos certos para isso. Sei que nem sempre estarei ao lado dela, se por exemplo, isso acontecer na escola ou na casa de um amigo. Mas algumas oportunidades eu vou conseguir aproveitar, se estiver claro para mim o que minha filha precisa.

É esse o meu desejo com esse capítulo. Dar aos pais uma visão que vai além do que estamos conseguindo ver ali no dia a dia com as crianças. Brinco que todo pai ou mãe deveria nascer com o superpoder de ter uma visão além do alcance dos nossos olhos!

Também é importante lembrar que nunca seremos perfeitos. Por mais conhecimento que eu tenha em psicologia e terapia do esquema, não vou conseguir suprir na totalidade todas as necessidades emocionais da minha filha. Eu vou falhar algumas vezes. E está tudo bem! Quando ela crescer, ela vai ter esquemas, afinal todos nós temos. Mas qual tamanho esse esquema vai ter? Será algo paralisante, que trará muito sofrimento e prejuízo ou será um desconforto, um desafio?

Toda vez que penso nisso lembro que um esquema pode ser como um resfriado, uma gripe ou uma pneumonia. Isso me ajuda a desligar a vozinha crítica e exigente dentro da minha cabeça que às vezes insiste em me dizer que preciso acertar sempre! Ninguém precisa.

Apego seguro não cresce em um coração que tem medo.

8º CAPÍTULO

Quarta parada: Apego

O próximo ponto de parada no nosso mapa é o apego seguro. Esse termo vem da Teoria do Apego criada por John Bowlby e Mary Ainsworth. Essa teoria é um grande marco para a psicologia do desenvolvimento e continua trazendo luz a estudos na neurociência, psicoterapia, orientação de pais e ela foi fundamental para o desenvolvimento da Terapia do Esquema.

Para falar de apego quero começar trazendo um trecho do livro de John Bowlby.

Ele explica que poucas horas depois de haver chocado os ovos ou dar à luz suas crias, a mãe já consegue distinguir, e quase sempre o pai também, seus próprios filhotes dos outros e os tratam de uma maneira diferente. Os filhotes, por sua vez, não demoram em distinguir seus próprios pais de todos os outros adultos e daí em diante comportam-se de um modo especial em relação a eles.

Acho importante começar a falar de apego, trazendo essa observação que Bowbly relata no seu livro por ela ser tão simples e tão verdadeira.

O apego é esse laço invisível que nos conecta de uma maneira especial aos nossos filhos e os nossos filhos a nós.

Essa conexão única entre pais e filhos despertou interesse em várias pessoas por todo o mundo. Desde muito tempo, pesquisadores tentam entender e explicar como é construído o apego entre mãe e filho.

Existe um estudo do psicólogo Harry Harlow que aconteceu em 1958, chamado A Natureza do Amor. Foi um estudo muito importante na época e mesmo tanto tempo depois continua sendo usado como ponto de partida e referência para outros estudos.

Com ele, Harlow conseguiu provar que o vínculo do bebê com a mãe não acontece apenas pela busca pelo alimento, como se imaginava.

Esses experimentos eram feitos com macaquinhos bebês. Foram construídas duas "mães" para eles. Uma feita de arame e outra feita de panos. A mãe feita de arame, era a única fonte de alimento dos macaquinhos, nela estava presa uma mamadeira. Esse experimento trouxe alguns pontos importantes para a compreensão do apego e vou falar um pouco sobre eles.

Logo no primeiro momento, ficou claro que o macaquinho

escolhia a mãe de pano para buscar conforto, aconchego e segurança. Ele passava a maior parte do tempo com ela. Somente quando sentia fome, buscava o alimento na mãe de arame, mas logo em seguida voltava para a mãe de pano.

Isso nos ajuda a entender que a criança não precisa apenas do alimento, ela precisa se sentir aconchegada, amparada, confortada pela sua mãe.

No segundo momento do experimento, eles assustavam o macaquinho. Construíram um boneco que se mexia, fazia barulhos, tinha luzes piscantes. Toda vez que o colocavam em frente a gaiola com o macaquinho ele se apavorava! Quando isso acontecia, ele corria para o colo da mãe de pano. Ele ficava no colo dela buscando conforto e segurança, e depois que se acalmava começava a se defender, emitindo sons e tentando atacar o boneco assustador.

Nesse momento temos um exemplo do que chamamos de corregulação. O macaquinho busca a mãe de pano para regular seu medo e depois que consegue, ele se sente seguro para se defender. Ele se assustou, foi reconfortado pela mãe de pano e o medo deu lugar a segurança e confiança

No terceiro momento o macaquinho é levado para uma sala desconhecida, com vários objetos espalhados pelo chão. Ele fica assustado, com medo, pois é um ambiente novo para ele. Ele é cuidadoso em cada movimento, até tenta buscar conforto em um objeto macio, mas não encontra segurança, apoio, aconchego e permanece quieto no chão por todo o tempo.

Em seguida, tiram o macaquinho da sala e colocam nela a mãe de arame, a mesma que o alimentou. Quando ele entra na sala, ele não vai até ela. Não busca conforto e segurança, pois não encontra isso nela.

Logo após esse momento, retiram de novo o macaquinho e quando ele volta para a sala sua mãe de pano está lá. Assim que a vê, o macaquinho corre para ela. Ele gruda nela, se esfrega, se aconchega, busca o máximo de contato físico que pode. Em pouco tempo já começa a se sentir protegido, seu corpo relaxa. Ele se sente tão confiante e seguro que começa a explorar o ambiente.

Todas as vezes que assisto ao vídeo desse experimento, lembro da minha filha. Eu tenho certeza de que você também deve estar lembrando de alguma situação que ao chegar em um lugar desconhecido com seu filho, ele grudou nas suas pernas e só te soltou quando se sentiu seguro.

Esse experimento é famoso, e provavelmente todo estudante de psicologia já o estudou em algum momento da faculdade. Assistir esse experimento com um olhar de estudante de psicologia já foi muito importante para mim. Mas depois que me tornei mãe, comecei a enxergá-lo com o coração também. Todas as vezes que minha filha gruda em mim fica muito mais fácil lembrar que eu sou o apego seguro dela. Sei que ela vai precisar de mim para corregular e depois que estiver se sentindo segura, ela vai conseguir interagir com o que tem ao seu redor.

Esse experimento traz uma verdade que nos serve para toda a vida: a gente se corregula no apego. Isso não é uma exclusividade só da criança, que quando pequena não tem capacidade, nem maturidade cerebral para se regular sozinha. Até mesmo nós, na vida adulta temos mais facilidade em lidar com algum estressor se temos um apego seguro por perto.

Lembre de algum momento difícil ou assustador que você já passou na vida. Talvez um momento de medo, tristeza ou desespero, mas pense em um que você teve alguém ao seu lado. Sabe aqueles momentos em que o outro não pode fazer nada para mudar aquela situação, mas o fato de ter alguém ali de mãos dadas com a gente muda tudo? É a conexão especial, o laço invisível!

Gosto de usar uma metáfora para explicar essa conexão: o Wi-fi. Com ele podemos conectar nosso celular, nosso computador à internet. Podemos até nos distanciar um pouco do modem que continuaremos conectados ao mesmo tempo que exploramos o mundo. Quando o apego não é seguro, se distanciamos um pouco do "roteador" a conexão fica ruim. Brinco que podemos construir um apego "5G" ou um apego "internet discada" (provavelmente só quem tem mais de 35 anos lembrará como era!)

O apego seguro faz isso! Quem tem um apego seguro, não precisa mais ficar grudado no outro para se sentir seguro. Foi exatamente isso o que aconteceu com o macaquinho no experimento. Ele entrou em um ambiente diferente e assustador, buscou a mãe de pano para se regular com a presença dela e depois conseguiu se distanciar e explorar o ambiente.

Segundo Bowlby, todos nós temos um sistema comportamental chamado de sistema de apego. A principal função desse sistema é a proteção e para isso utiliza a estratégia de aproximar a criança da sua figura de apego.

Esse sistema é o responsável no início da vida por governar os vínculos entre as crianças e seus cuidadores. Funciona assim: toda vez que acontece uma quebra no equilíbrio entre a criança e o ambiente, o sistema de apego se liga. Vamos voltar lá no experimento com o macaquinho. Imagine que ele está tranquilo na sala com a mãe de pano, explorando ambiente e é surpreendido por algum barulho que o assusta. Seu sistema de apego será ativado e ele vai buscar a mãe para se corregular com ela. O equilíbrio é restabelecido e o sistema de apego se desativa.

Pense no seu filho pequeno, nessa fase o toque e o contato físico são fundamentais para a corregulação, mas à medida que a criança cresce vão surgindo novas estratégias. Aqui em casa a Clara com uns 3 anos de idade começou a pedir uma roupa nossa para deixar na cama dela na hora de dormir. Durante um bom tempo, ela dormiu abraçadinha com uma blusa de pijama nosso. Outras crianças podem pedir para colocar uma foto ao lado da cama, por exemplo.

Quando as crianças crescem, normalmente, apenas lembrar das suas figuras de apego é suficiente para se corregular. Na minha prática clínica, vejo que as crianças durante a pandemia, com as aulas online e os pais de home office, passaram muito tempo com a figura de apego bem diante dos olhos. Quando as aulas presenciais voltaram, algumas não conseguiam voltar ao equilíbrio apenas pensando nos pais e precisaram de alguma outra estratégia. Orientei algumas a levar uma foto da família no estojo da escola, ou passar o perfume da mãe no punho e sentir o cheirinho quando o sistema de apego se ativasse. A estratégia da Clara é pedir que a gente faça um coração na mão dela antes de sair para a escola.

É muito importante que os pais entendam que não é frescura ou manha e que não invalidem as crianças quando isso acontecer. Quando o sistema de apego se liga, a criança **precisa** se sentir amparada e segura. Ter pais sensíveis e capazes de se conectar com ela nesse momento é o que ela precisa.

Um bom apego permite que a criança vá gradualmente criando um senso de segurança interno e à medida que isso for acontecendo, ela vai conseguindo, cada vez mais, manejar e regular suas emoções sozinha e se sentir mais segura para explorar o ambiente.

Uma criança com apego seguro, vai ter um outro sistema ativado: o sistema de exploração, lembra do macaquinho explorando o ambiente? Funciona assim: quando uma ameaça aparece, o sistema de apego é ativado, sua função é a proteção, e ela busca a figura de apego para se corregular. Assim o sistema de apego se desativa, pois com a proximidade da sua figura de apego, ela se sente protegida e segura, e o sistema de exploração é ativado novamente.

Mas e se a criança não tem essa figura de apego presente, disponível e responsiva? Hoje já sabemos que a instabilidade do apego na infância é um dos fatores que influencia a presença de transtornos de ansiedade na vida adulta. Existe uma parte no nosso cérebro que se chama amígdala cerebral. Crianças que não tiveram o apego seguro, vão ter essa parte aumentada na vida adulta; isso significa que precisará de menos estímulos para ter sua ansiedade ativada. Serão adultos mais sensíveis a estressores.

Gosto de fazer uma analogia ao alarme de um carro. O esperado é que ele dispare quando alguém quebrar o vidro do carro ou arrombar a porta. Mas o que acontece quando o alarme está desregulado? Ele dispara mesmo sem um perigo real, quando passa um carro na rua ou alguém encosta nele. Também está desregulado quando tem uma ameaça real e ele não se ativa, como quando alguém arromba o carro e o alarme não dispara.

Uma criança com uma falha no apego seguro pode se tornar um adulto assim, com um alarme desregulado.

Bowlby traz um outro conceito importante quando fala de apego. Os MIFs, Modelos Internos de Funcionamento. Ele explica que é como uma organização interna das informações sobre mundo e as relações, e interações que recebemos.

Sue Gerhardt, no seu livro Por que o amor é importante, acrescenta que a criança desenvolve modos de funcionamento de relacionamentos baseados em suas próprias experiência. Não são modelos de como as pessoas se comportam com ela, são modelos de si mesmos com outra pessoa. Ou seja, qual a sensação de estar com a outra pessoa. Não é sobre o que o outro faz, mas como ela sente quando o outro faz.

Se os pais mostram pouco interesse pelas emoções da criança, ela sente como se suas emoções fossem pouco interessantes. Se os outros a tratam como se ela não fosse importante, ela sente que não é importante.

Criamos gradualmente esse modelo afetivo, que apesar de serem flexíveis, ou seja, podem mudar ao longo da vida, tendem a ser perpetuados em outros relacionamentos. O modelo de interação que eu crio na relação com meus pais, tende a se repetir em outros relacionamentos.

Ele é tão importante que funciona como um base para a construção das nossas crenças, a respeito de nós mesmos, do outro e do mundo. Como se fossem lentes que usamos para enxergar e filtrar a realidade.

Como construir um apego seguro?

Existem 3 variáveis importantes que contribuem para a qualidade da formação do vínculo entre pais e filhos. As duas primeiras, apresentadas pelo Bowlby, são **presença e acessibilidade.** Isso significa que a figura de apego precisa estar presente no sentido físico, mas isso não é suficiente, ela também precisa ser acessível. A criança deverá sentir, em relação à figura de apego, que quando precisar dela, terá um fácil acesso. Estar presente e estar acessível parece óbvio, mas não é

Quero que se lembre, de algum momento em que você estava fisicamente no mesmo ambiente que seu filho, mas não estava verdadeiramente disponível para ele. Ele te chamava, você olhava, até respondia, mas não o enxergava. Posso estar sendo ousada, mas acredito que você provavelmente se lembrou de algum momento em que estava diante de uma tela. Falo isso porque é assim comigo também.

Acredito que a nossa geração tem um desafio extra que nossos pais não tiveram: não tiramos os olhos da tela. Às vezes estamos tão conectados a ela que nos desconectamos do mundo, do outro e da gente mesmo. E isso pode ser um grande problema, principalmente quando eu penso na terceira variável para um apego seguro: a **responsividade.**

A responsividade da figura de apego, foi proposta por Ainsworth e fala da sensibilidade que os pais têm em perceber, interpretar de um jeito correto e responder, de maneira adequada, às necessidades da criança. Lembra de quando eu falei que consegui estar sensivelmente disponível para saber se devia influenciar ou acompanhar a escolha da Clara em relação a festa de aniversário? Era disso que eu estava falando. Isso não é algo fácil de fazer, não o tempo todo. Por si só já é um desafio, mas estar desconectados de nós mesmos aumenta essa dificuldade.

Isso não é algo fácil de se fazer, não o tempo todo. E estar desconectado de nós mesmos, aumenta essa dificuldade.

Depois de ouvir tudo isso, você pode estar se perguntando, mas e se eu não conseguir perceber qual a necessidade do meu filho? E se eu errar?

Você vai errar, eu também vou.

É preciso entender que uma falha no sistema de apego pode acontecer por um trauma, como a morte de um cuidador, mas grande parte da construção do estilo de apego acontece no dia a dia, pela repetição. Ou seja, precisamos errar muitas vezes para ter essa falha. Esses erros repetitivos vão gerar na criança a incerteza, a dúvida: Meus pais são realmente confiáveis? Eles se interessam por mim? Eles estarão disponíveis quando eu precisar deles?

É importante ajustar as nossas expectativas. Não vamos conseguir ter essa responsividade 100% das vezes. Se em algum momento não conseguir interpretar a necessidade do seu filho ou supri-la, lembre-se que durante um dia terá muitas outras oportunidades para conseguir.

A parentalidade é assim, feita de erros e acertos, mas no final dessa equação os acertos precisam prevalecer. E os erros, não podem ser grandes o suficiente para gerar dúvidas na criança sobre a sua sobrevivência. Afinal elas são totalmente dependentes de nós, e se frequentemente não conseguimos nos conectar com o que elas precisam, se não criamos uma ligação saudável, o resultado será insegurança e instabilidade.

Precisamos entender que apego seguro não cresce em um coração que tem medo.

O conhecimento não nos garante que nunca mais vamos errar, mas nos dá mais chances de acertar.

9º CAPÍTULO

Você já tem o mapa.

Fico feliz que você tenha chegado até aqui.

Imagino que o caminho que percorremos juntos nesse livro, te fez revisitar alguns lugares da sua história. Lugares da sua infância, e lugares da infância do seu filho.

Fico feliz que eu tenha chegado até aqui: o último capítulo. Escrever esse livro, também me fez revisitar lugares da minha história. Lugares da minha infância e lugares da infância da minha filha.

Como disse lá no início, o conhecimento não nos garante que nunca mais vamos errar, mas nos dá mais chances de acertar. A vontade de acertar nos conecta e a nossa humanidade também.

A humanidade de ser quem somos, pelos elos que recebemos, pelo temperamento que herdamos, pelas necessidades emocionais que tivemos e pelo apego seguro que buscamos.

Se você chegou ao fim desse livro, é porque tem desejos que te movem no seu coração de pai/mãe.

Também chego ao fim desse livro, com vários desejos no coração.

Desejo que você possa acertar mais vezes. Não para se tornar a mãe ou o pai perfeito, mas para se tornar pais suficientemente bons para seu filho.

Desejo que você desenvolva sua sensibilidade parental, para estar sensivelmente disponível e conseguir saber quando acompanhar ou quando influenciar o ritmo da sua criança.

Desejo que você consiga ter sempre no seu radar as cinco necessidades emocionais do seu filho e que elas iluminem qual caminho da estrada é melhor seguir em cada momento.

Desejo que você reconheça o temperamento do seu filho, e que isso amplie suas possibilidades e te dê mais fôlego para lidar com os desafios.

Desejo ainda, que você seja o elo da corrente que você gostaria de ser e não apenas uma repetição.

Desejo que quando você ficar perdido, sim vamos ficar perdidos, você se lembre que tem um mapa.

E por último, desejo que seu filho cresça com a certeza, inabalável, de morar no seu coração.

AGRADECIMENTO

Há exatamente um ano atrás, enquanto eu me apresentava em um congresso de educadores parentais, uma pessoa se levantou e disse: Eu não tenho uma pergunta para te fazer, mas eu quero te dizer que você precisa escrever um livro sobre isso.

O livro está aqui! Obrigada por se levantar naquele dia.

Agradeço a Ivana, por olhar dentro dos meus olhos e dizer: Vamos fazer esse livro! Obrigada por me acompanhar nesse processo e se dedicar a ele com tanto carinho.

Agradeço a querida Ana Rizzon, pela generosidade ao dividir tudo o que sabe sobre Terapia do Esquema e fazer isso com tanto afeto.

Agradeço a Ana Streit, que mesmo chegando no final desse processo, está gerando mudanças em mim que vão durar por toda a vida.

Agradeço ao Luis, por ajudar a ser mais leve esse desafio.

Por fim, agradeço a cada paciente que me entregou o que tinha de mais precioso: o seu coração. Obrigada por me deixar cuidar dele! Foi uma honra.

REFERÊNCIAS

Alves, M. M. Neufeld, C, B. (2019). No Reino do fogo: O jeito tranquilo e relaxado. Novo Hamburgo: Sinopsys

Alves, M. M. Neufeld, C, B. (2019). No Reino da terra: O jeito persistente e disciplinado. Novo Hamburgo: Sinopsys

Alves, M. M. Neufeld, C, B. (2019). No Reino da luz: O jeito sociável e dominante. Novo Hamburgo: Sinopsys

Alves, M. M. Neufeld, C, B. (2019). No Reino do gelo: O jeito empático e generoso. Novo Hamburgo: Sinopsys

Alves, M. M. Neufeld, C, B. (20190). No Reino da água: O jeito imaginativo e curioso. Novo Hamburgo: Sinopsys

Gerhardt, Sue. (2017). Por que o amor é importante: como o afeto molda o cérebro do bebê (2.ed). Porto Alegre: Artmed.

Reis, A. H. (2019). Terapia do esquema com crianças e adolescentes: do modelo teórico à prática clínica. Campo Grande Episteme

Rizzon, Ana Letícia Castanheira. Imersão em Terapia do Esquema. Disponível em Vimeo. Fev 2021

Siegel, D. J. (2012). O poder da visão mental: O caminho para o bem-estar. Rio de Janeiro: Best Seller

Young, J. E. (2003). Terapia cognitiva para transtornos de ansiedade: Uma abordagem focada em esquemas. (3.ed). Porto Alegre: Artmed

Young, J. E., Klosko, J. S., & Weishaar, M.E. (2008). Terapia do esquema: Guia de Tecnica cognitivo- comportamentais inovadoras. Porto Alegre: Artmed

Young, J. E., Klosko, J. S. (2020). Reinvente sua vida (2 ed). Novo Hamburgo: Sinopsys.

Wainer, R. Paim, K. K., Erdos, R. & Andriola, R. (2016) Terapia cognitiva focada em esquemas: Integração em psicoterapia. Porto Alegre: Artmed

Acesse o QR Code e tenha acesso a todos os exercícios para baixar no seu computador.

Pat e Luis, tentando ser os pais que a Clara precisa ter. Outubro de 2021

filhos em construção

Este livro foi composto com tipologias Arial, Bree, Minion Pro e Neato Serif Rough e impresso em papel offset noventa gramas.

São Paulo, novembro de dois mil e vinte e um.